国境の北と日本人

ポストコロニアルな旅へ

藤巻光浩

緑風出版

はじめに

ある時期、私は北へと向かう旅ばかりに出かけた。二〇〇四年から五年くらいの間だったと思う。繰り返し、日本国内では青森と旭川、国外ではサハリン（旧樺太）へと、せっせと出向いていった。時には、ひと月に三か所全部へと赴いたこともあった。四十代になるかならないかの時期で、まだ体力もあったし好奇心に満ちていた。そして、とにかく様々なものを目にしたり、これまで出会ったこともないような人々に出会った。

この北への旅は、それまで慣れ親しんでいた自分自身の居場所から、自分を別のところへと少しずつ引き離そうとした。抽象的な表現になってしまうが、それまでの自分がよく知る旅とは全く異なる旅であった。そのために、自分にとっての常識のようなものが、少しずつ打ち砕かれ、なんだか別の自分が誕生し始めたような気がしたのだ。

私は長く外国に暮らしたことがあるため、旅する人間には必ず起こる、カルチャーショックやその類のものが引き起こす微熱のようなものには慣れている。そんな経験を積む中で、自分は十分に変わってきたことにも自覚的であった。しかし、そのようなものは、表面的であったとは言わないが、心の中のひだを少し増やしたくらいのもので、根本的に自分が変わるほどのものではなかった。長逗留ではあったが、戻ってくる帰着点が分かっていた旅だったせいなのかもしれないし、勉学を修めるための狭い世界の中での旅であったせいなのかもしれない。いずれにしても、その旅は自分自身の生きてきた歴史や立っていた場所に関して、何か大きな変化を感じることができるようなものではなかった。

一方、ここに収められた三つの旅は、過去の外国暮らしに比べれば、大した長さではないし、そこで出会った人の数も圧倒的に少ないものでしかない。それにも関わらず、この旅は、私を大きく揺さぶり様々な次元のことを考えさせ、自分の中に変化を促した。

このことは、なかなか面白い発見であった。旅というのは、移動を伴うため、物理的に自分の立つ場所が変化する。旅は、主に視覚を通して経験を形作ろうとするため、見えるものが変われば、経験のあり方も変わってくるのだ。しかし、物理的に元の場所に戻ってくれば、自分が見える景色や視点も元に戻ってきてしまう。このような旅は、自分が元の場所に戻ってくることを前提としているため、新しく何かを見ても、自分の経験や知識を形作る方法は変化しない。その一方で、これからお話する北への旅は、物理的に戻ってはくるが自分の思考様式を元の場所に戻してくれるものではなく、見えていた景色や視点も大きく変わったことを自覚せざるを得ないようなものであった。そこで可能になる経験や、それが生み出す知識の方法が変化していったのだ。しかも、これらの地へはその後、何度も赴くことになった。

本書は、それぞれの地への旅の記録を書きとめたものだが、それがどのようなジャンルに収まるのか、今のところよく分からない。旅行中の見聞や感想を単に綴る紀行文とは多分違うだろうし、観光用ガイドブックでもない。強いて言えば、やはり紀行文のようなものということになるが、もう少し強い意図を持って、読者が歴史的・社会的地平と対話をすることを促す類のものになれば良いという期待も込められたものでもある。

本書には、北へと向かう地への旅を三つ収めた。この三つの地が選ばれたのは、決して偶然ではない。この国が近代という時間を経験してきた中で、「国境の北」に位置付けられたこれらの地は、間違いなく、その軌跡を何らかのかたちで刻んできた。特に「明治百五十年」という節目の前後においては、その節目を顕彰する政治的動きがあるが、その中において、その軌跡は必ずや前景化されるだろう。かつての「国境の北」への旅は、近代日本の自画像を生み出すのに大きな貢献を果たし、そして現在という文脈においても相も変わらず同様の自画像を維持させようとするためである。その一方、それは何らかの変化を促すための契機にもあふれている。自画像の維持と変化という両義性を発見することが、現在、「国境の北」へと向かう旅の意義なのだと思う。読者のみなさんも自分自身が変化していく過程——それこそが旅の醍醐味であり、そんな契機を発見してもらえればと思う。

さて、本書の読み方であるが、旅の記録そのものに興味を寄せる方は、次の序章を飛ばして、第一章の「サハリンと樺太の中間へ」から読むことも可能である。序章は、三つの「国境の北」への旅に関する「総論」であるためだ。この「総論」では、日本人が遠方まで足を延ばすことができるようになった近代、とりわけ植民地を持ち支配する中で可能になった時期からの、人々と旅との間の関係を記しつつ「国境の北」への旅が、これからどのように変化すべきなどの指針のようなものを提示している。序章から読めば、理解は深まると思うが、後から読んでもいいだろう。

目次

――――――国境の北と日本人――ポストコロニアルな旅へ

第3章　東北への旅と電気の旅が交錯する場へ

序章——国境の北へ

旅での「出会い」とは

いろんな旅がある。旅のやり方は、人それぞれだ。ちまたにあふれる多くの旅行記や紀行文の数々が、それを物語っている。世にもグロテスクな魚を世界の果てまで追う旅もあれば、若さにまかせてユーラシア大陸縦断を経てアメリカ大陸まで行った旅もある。近代的生活の常識では考えられないようなハプニングの連続の旅もあれば、失恋を忘れるために「途上国」と言われる地域に飛び込んだ旅もある。本当に、旅のやり方は十人十色と言ってもいいし、読者の受け止め方も、また同じであろう。それでも、旅のやり方やその受け止め方について考えざるを得ないきっかけがあったので、まず紹介したい。

本書の中で登場する北海道・旭川市の川村カ子《ネ》ト・アイヌ記念館に行った時のことだ。この記念館に旅行情報誌『ロンリー・プラネット』の取材班がイギリスからやって来た。『ロンリー・プラネット』(一人ぼっちの地球)とは、多くのバックパッカーと呼ばれる人たちであれば一度は手にする、できるだけ旅に金をかけないで、現地の生活者の目線で旅を楽しもうとする若者たちに支持された、英語圏で人気のある旅の情報誌である。ユースホステルや安宿、そしてクエーカーなどの宗教団体が運営する簡易な宿に行けば、この本を読んでいる人たちに必ず出会う。

写真などは、あったとしても数ページで、ほとんどが文字情報である。当地の歴史的名所や博物館、文化の説明などがぎっしりと付されている。日本で出版されている、消費のためのガイドブックとは、全く次元が異なるのだ。これに近いものがあるとするなら、『地球の歩き方』であるが、しっかりとした歴史や文化に関係する説明があるかというと、なんとなくそれ風の説明はあるが、お寒い限りである。

川村カ子ト・アイヌ記念館で行われた彼らの取材は、私の想像を超えるものであった。もちろん、時間的な制約もあるため、彼らの取材は短いものであった。しかし、通訳とカメラマンも含めた三人の取材陣は、アイヌの置かれた政治・文化的状況に関して、一通りの知識を持っていたし、アイヌが先住民族であることの認識も持ち合わせていた。例えば、「(アイヌが日本から)独立するとしたら、経済的なリソースは何になっていくのか」「(先住民族としての)将来的なビジョンがあるなら聞かせてくれ」など、およそ普通の日本人旅行者がしないような質問を浴びせてくる。

彼らはアイヌのことを知ろうとしていることが伝わってきた。そして、彼らの取材を通じて作られるガイドブックが、どのような読者を対象としているのかも想像できた。彼らは、人と出会うこと、その人たちの生活や文化、考えていることに触れることの面白さを『ロンリー・プラネット』に記し、読者に旅を十分に満喫してもらおうとしているのだ。

もちろん、彼らからみてエキゾチックに見えたものに特化して写真を撮っていたことは否めない。相変わらずの「秘境の旅」を、バックパッカーに提供する下心も見受けられて、諦観の念も禁じえなかった。そもそも、この情報誌のタイトルは『ロンリー・プラネット』ということで、自分だけが知っている秘境を求めたり、自分だけの体験をすることの醍醐味を示唆している。旅に自分探しを求めている人々を対象にしているというわけだ。そんな自分探しのための旅のロマンを、この本は読者に提供しようとしているのだ。

一方、旅の在り方は千差万別とはいえども、多くの場合、私たちが旅に「出会い」を求めていることも、

『ロンリー・プラネット』の取材に同席して、あらためて感じることができた。人との出会い、人々の生活・文化との出会い、歴史との出会い、などの旅先での「出会い」だ。

この「出会い」は、旅人にいろいろなことを教えてくれる。抽象的に言うなら、人は、この「出会い」を通じて、成長するということなのだろう。しかし、どのような「成長」が、旅には固有に求められているのだろうか。「成長」は、旅をしなくても他の行為によってもできることを考えれば、旅という行為に固有に求められている「成長」とは何かを考えることも大切なのではないか。旅だけが私たちに教えてくれる、独特の「成長」のあり方とは、いったいどんなものなのだろうか。


旅は、いくつかに分類することができる。一つは、リフレッシュのための旅。忙しい毎日を離れ、気分転換のために数日をどこかで過ごす。日々仕事に追われている人であれば、上げ膳据え膳、温泉三昧の数日、プールサイドでまどろむ南国での数日などが、リフレッシュの旅ということになる。これは、心身をともに休ませる、「休養」ということになる。この旅は、上に記した、成長とはあまり関係がない。旅を通じて「成長」するというよりは、（旅をしない）日常において「成長」することの方に重きがあり、旅では休養をすることが求められているのだ。旅で「成長」などしていたら、疲れてしまうのだ。

二つ目は、『ロンリー・プラネット』のような旅行情報誌が発信している、ロマン主義的「自分探し」の旅である。「自分探し」は、旅で様々なことを経験することによって、本来の自分に戻る、または自分を再発見するような旅であろう。

たかのてるこという旅のライターがいる。『ガンジス川でバタフライ』（幻冬舎）などの数々の紀行文で有名な方だ。私も、彼女の猪突猛進型の旅のやり方が面白くて、いくつかの紀行文を読んだ。出会いも数多く、興味深いエピソードも多い。その一方、彼女の旅は、常に自分探しが、「日本人」であることの再発見・再認識と同義になっているところがどうしても気になってしまう。あるアウトドア雑誌に掲載された彼女のことばを、そのまま引用してみたい。

旅って一期一会の出会いが面白いんですよ。でも、海外を旅すればするほど、日本をどんどん好きになっていく自分がいる。人類が宇宙から眺めてはじめて地球の青さに気づけたように、外に飛び出してみないと気付けないことがあるんだなぁと。(二〇一四年、八〇頁)

この手の旅の紀行文は無数にある。北山耕平によるインディアンたちとの出会いを記した紀行文も、その一つだ。[注1]「他者」であるインディアンと出会うことで、自身の「日本人」としてのアイデンティティを確認・確立することがテーマなのだ。まさに、アイデンティティの再発見・再確認の旅である。そのため、旅という物理的に移動する行為をしておきながら、「日本人」という自分自身に戻ろうとするため、(自分の心や精神は)移動や変化を経験することがない。したがって、インディアンと出会った彼は、アイヌやヴィルタとは「出会う」ことがない。つまり、物理的に移動はするのであるが、精神的には元に戻ろう

注1　例えば、北山(二〇〇七年)がある。北山は、別の論考でアイヌの歴史に触れている。アイヌの歴史・文化に出会うことで、日本人や日本文化について思いをはせ、その起源を縄文時代に求めている(二〇〇一年、一一頁)。明治からの差別的政策への言及があるものの、日本人・日本文化を照射するための源泉としてアイヌを扱うために、アイヌとの抽象的関係を定位するに留まっている。

とするため、移動が反古にされているようにみえてしまうのだ。もし精神的に変化することに人の成長の軌跡を認めるならば、元に戻ろうとすることは、旅が固有に要求している移動とは異なるような気がしてならない。

このような精神的に移動することのない旅については、旅のバイブルとも言うべき『深夜特急』シリーズを書いたライター・沢木耕太郎が自覚的であった。旅に次ぐ旅に出て、様々な出来事に遭遇し、いろんな人々と出会ったとしても、どうも本当に移動をした実感がないとのことだ。沢木は以下のような興味深いコメントを残している。「僕も旅の中でいくつも国境を越えてきたけれど、ただ通過するだけだったんですね。本質的にどこかへ向かって越えていくという感覚ではない」と述べている（沢木b 一九九四年、一八三頁）。このコメントは、あれだけ旅に次ぐ旅をしておきながら、自分の中にある枠組みを越え、境界線を越えていくわけではないことを告白した点でなかなか衝撃的である。このような旅をしてしまう理由としては、自分が元にいたところに戻ってくることが確約されているためではないかと、沢木は述べている。「自由に入っていくことができ、自由に出てくることができる」前提の中で、「出てこられることが保証されれば、どんなに痛苦に満ちた世界でもあらゆることが面白く感じられるものなのだ」（沢木a 一九九四年、一七一頁）。したがって、沢木は、単に自由に旅をするだけでは、超えることができないものがあることを自覚しているのだ。[注2]

『ロンリー・プラネット』の読者も同様であろう。この本の読者は、自由主義経済圏の人たちばかりであるため、「秘境」を旅した結果、自分たちに与えられている特権や生活の安全保障を再確認するだけの「自分探し」に終始する可能性が高い。一方、「秘境」に暮らす人々は、決して自分たちが「秘境」に住んでいるとも思わないだろうし、自分たちのことをエキゾチックだとも思いはしない。旅人たちによって、一方的に「秘境の住人」に仕立て上げられてしまうだけだ。そして、旅人が自分たちのアイデンティティを再発見・再確認するだけの「他者」との「出会い」を求めているとなると、出会うことによって可能になる、旅に固有な成長を期待することなどできないのではないか。メディア研究者・山口誠による、日本人のグアム旅行への批判はなかなか手厳しい。はるばるグアムに行っても、観光客（主に日本人）向けにできた「楽園」を観光するだけで、そこに暮らすチャモロたちに本当の意味で出会うことがないというのだ。例えば、チャモロの生活が、日本人観光客が来ることにより不便を強いられたり、日本による植民地支配を受けたことなどすっかりと忘れ去られてしまうのだ（山口 二〇〇七年）。ここでは、「日本人」という歴史的地平は揺さぶられるというよりは、このような地平があることさえも、忘れ去られ、思考の対象にもならない。

もちろん、私たちには「休養」の旅も必要だ。ただ、旅に固有な成長なるものを求める時、自分自身

注2　一方、大物作家などが経験する旅行記や紀行文は、自分が元から居た場所へと戻ることが旅の醍醐味であるとの認識を示している。例えば、五木寛之が旅を特徴付ける時に使用する「トランジット（境界を出たり入ったりすること）」なる概念が典型である。彼によれば、空港をはじめとする場で出会う人々は、「みな束の間のはかない関係であり、二度と会うことのない淡いふれあいである……（旅で生まれる関係は）何時間か後には過ぎ去ってしまう」のだ（一九九七年、一六頁）。このようなトランジットを記述する旅は、旅のロマンを書きやすいということだろう。同様に、旅の一番の楽しみを「人間に出会うこと」とする立松和平は、ヤポネシアということばを使って、日本という国土・風土に居住する、多様な人々と出会おうとする。しかし、東北や北海道に赴き、サハリンを遠くに望んでも、アイヌに出会うこともなければ、「蝦夷」の文化にも遭遇しない。彼の紀行文は、失われた「日本人の故郷」を探し求めることを目的としている（一九八七年、三一四頁）。

のあり方や他者、そして社会との関係の変化が伴わなければ、人間の成長や精神の移動が忘れ去られるような気がするのだ。それでも、旅にいつも成長ばかりを求めるのは、あまりに旅に多くのことを求めすぎているのかもしれない。そのような成長は、何回も旅をして、多くの人や様々な文化・歴史に触れる中で、もしかしたら「出会う」かもしれない稀有な機会でしかなく、いつも必ず可能になるものではないだろう。だからこそ、何度もそれに賭けたくなるものだと強く思う。

メディアとしての旅行記・紀行文

その昔、この日本という国が帝国主義国家であったころ、他地域を侵略し、領土を拡大して植民地を作った。その結果、その土地に鉄道を敷き、その航路を民間に開き、多くの人たちが植民地に赴くことができるようになった。それ以前は、(日本人たちにとり) 外国語を使うことでしか、その土地に入ることができなかったのだが、多くの資本が植民地となった土地に流れ込んだことで、日本語で旅行ができるようになり、旅や移動が簡単になった。ここにはガイドや旅行代理店が日本語で旅を企画したり、鉄道の表示を日本語にしたりということも含まれる。しかも、その土地が植民地である時間が長くなればなるほど、日本語使いの人口は増えていくことになる。植民地では皇民化教育がなされ、子供たちに対しては、日本語人としての教育を施していくため、日本語話者の数は増えていく。そのため、それまで外国だったところが、日本の「国内」となっていったのだ。

今でこそ、このような旅を「コロニアル・ツーリズム」などと呼ぶが、当然、当時はそのような名称を使うことはなかった。それは、珍しい「国内」への旅でしかなかったのだ。朝鮮半島、中国東北部・満州、そして台湾への旅は、特に人気があったとのことである。一九二四年には、『旅』という旅行雑誌が創刊され、そこで中国東北部、台湾、朝鮮半島への旅情を掻き立てた。日露戦争後、国家による資源への欲望や国防の意識は、旅の「目的地」を生み出したのであった。注3 研修旅行や修学旅行という名目で、若い世代たちを誘ったのは、間違いなく帝国主義的視点であり、それらの旅を通じて、近代日本人としての人格形成が図られ（白幡 一九九六年）、その中でアイデンティティが育まれた（有山 二〇〇二年）。例えば、雑誌『旅』に登場した樺太特集は、これを強く反映している。森によれば、樺太への旅がアイヌやギリヤークなどの先住民族との出会いを伴うために、「どのような性質の人間が日本人であり、ないのかという」民族の境界線への関心を強く反映したとのことである（二〇一〇年、八一頁）。ちなみに、一九二五年が樺太施政二〇周年であったとのことで、この年大巡航旅行が企画され、二五三名が参加したとのことだ（森二〇一〇年、八〇頁）。これらの植民地への旅は、「表面的かつ定型的な植民地理解を形成する機会」でしかなかった（米家 二〇一四年、三四一頁）。

注3 日露戦争以後、戦地が観光地への変わっていったことに関しては、すでに研究がある。例えば、（高 二〇〇八年）。本格的に、人々がコロニアル・ツーリズムに赴くようになったのは、一九二五年あたりからと言われている（米家 二〇一四年）。そんなコロニアル・ツーリズムのブームの中で、一九二四年に『旅』が創刊された。発行機関は、日本文化協会が当初、担ったが、二〇〇四年の休刊を迎えるまでに、日本交通公社などによって発刊された。この雑誌は、一般向けであり、都市化によって生まれた大衆（新中間層）によって消費されたのであった。森（二〇一〇年）によれば、この雑誌は「観光産業を生み出していく近代的資本主義システムの確立」に寄与した（九頁）。日本の観光産業が、コロニアル・ツーリズムによって牽引されたという指摘が、興味深い。

旅に関する本や雑誌は、日露戦争以後から戦局が悪化する一九四〇年まで数多く出版された。その間、学生だけでなく実業家なども、植民地の経済基盤を視察するという名目で訪れている（米家 二〇一四年）。ここでの視察とは、植民地におけるビジネスチャンスをうかがうものであったことも容易に想像できる。植民地でインフラを整えることとなれば、技術者や実業家による視察・調査が不可欠であったためだ。

いずれにしても、植民地を旅行することは、日本の帝国主義的な膨張政策と無縁ではなかった。中でも、日露戦争の舞台となった旅順への旅が一番人気であったらしい（荒山 二〇〇一年）。これを考えれば、いかにアジア極東の小国が西洋を破ったことが、多くの日本人の関心事であったのかがよく分かる。現在でも、例えば、横須賀市にある戦艦三笠（バルチック艦隊を撃破した艦としてよく知られる）のミュージアムに行けば、旅順における日本海軍の勝利が言祝《ことほ》がれている。しかも、展示を前に日本海海戦を誇らしげに説明するボランティアのガイドや、それに熱心に聞き入る人々をみることができる。この意味で、コロニアル・ツーリズムの果たす、人々の思考様式に与える影響は、現在においてもはかり知れない。

旧植民地への旅は、現在においても健在である。中国東北部やロシアのサハリン（日露戦争後に日本に割譲され、「樺太」と呼ばれた）などは、共産圏であるため、冷戦中は、日本人が行けるところではなかった。しかし、冷戦構造が（一部）弛緩し、多くの日本人が、これらの場所へと赴くようになった。サハリンで知り合ったジャーナリストによれば、日本からの観光客を当て込んで、日本の統治時代に建てられた神社の鳥居を、（今は朽ちて倒れているが）立て直そうとする計画があるそうだ。また、旅順では、バルチック艦隊が沈められた湾を一望できる丘（二〇三高地）があるのだが、（日本人旅行者を当て込んで）もっと日本語のできるスタッフを増やそうとしているとのことである。植民地支配が終焉したとはいえ、相変わらずのコロニアル・ツーリズムである。

今もなお続くコロニアル・ツーリズムの骨頂は、その温情主義《パターナリズム》と相まった、自画自賛的な国家観にある。自分の属する国家が、植民地支配という暴力的な行為に手を染めたとはいえ、「実はいいことをしたのだ」と確認することで、なんらかの自己承認を得ようとするのだ。鉄道や下水道などのインフラを整えたこと、学校制度などを持ち込んだこと、手つかずのように見えた土地を都市に変えたこと──これらを自画自賛することで、「日本」という国家を賞賛するのだ。例えば、司馬遼太郎の『台湾紀行』などは典型的とも言えるだろう。彼は、日本による台湾支配を指し、「余分な富力を持たない当時の日本が、植民地を是認するわけではないにせよ、力のかぎりのことをやったのは認めていい」と述べている（一九九七年、一七頁）。もちろん、彼は、手放しに植民地支配を是認するわけではないが、植民地支配を可能にした、「日本人」というアイデンティティを生み出した構造を抜本的に解体することに興味は寄せていない。この意味で、彼の「日本人」読者は、安心して彼の紀行文を読むことができるし、自身のアイデンティティの確認・追認をすることができる（この意味で、この紀行文は実によく売れた）。

司馬の文章は、移動を伴う旅を書き留めるはずの紀行文であるが、読者たちのアイデンティティを移動させることはない。自身が安住していると信じてやまない、アイデンティティの生まれる場所にとどまることを促し、時には、そこに確信めいた信念のようなものさえ生じさせる。アマゾン（Ａｍａｚｏｎ）のブックレビューには、この本が喚起しようとするアイデンティティを賞賛する記載にあふれていた。例えば、「今こそ、全ての日本人（中学生も高校生も大学生も）が何をさておいても読むべき書。日本人よ自信を持て！　しっかりしろ！と励ましてくれる書」。また、台湾に失われた日本の姿を見出す書評は、「日本語族の人達がまだ少しでも生存している今年か来年、必ず台湾をゆっくり旅行しますよ」と記されている。ノスタルジックな日本の姿を、彼の文章に見出す人は、「司馬遼太郎が探し求めていたのは、究極的には、ある一面の戦前の日本の影なのです」とも書いている。そして、植民地支配に関しては、お決まりの「総じて日本統治は成功したと言えるだろう」という、自己承認を求める記述にあふれている。つまり、移動を伴う旅の軌跡を読者に読ませるのだが、読者の思考様式は移動させられることはないのだ。

　移動を伴う旅を記す文章、つまり紀行文は読者による「読み」のレベルで、なんらかのかたちで移動を伴わなくてはならないと感じる。紀行文の類が喚起する移動には、様々なレベルのものがあると思うが、読者を激しく揺さぶったものの中で古典中の古典といえば、藤原新也の『印度放浪』（朝日新聞社）がある。これは、近代的常識を全く逸脱していると言ってもよいようなインド社会を、筆者が単身で生き抜こうとした記録である。ガンジス川で、筆者は、人間の遺体が犬に食われている様を目撃し、「人間は犬に食われるほど自由だ」と感想をもらす。この本を読んだ当時、二十歳そこそこであった私は、なかなかの衝撃を受けた。この本を読めば、自分たちがからめ取られている近代的な制度や拘束から自由になる気分を味わうことができた。この意味で、アイデンティティの変化・移動を経験することができる紀行文であろう。

　紀行文という旅の軌跡を記録するジャンルは、私たち読者と、移動を伴う旅との間を取り持つメディアと言うことができるだろう。旅が記された紀行文を読めば、自分たちも旅をした気持ちになることができるのだが、その気持ちのあり様は、なんらかの変化を経験することもあれば、自分が安住できるアイデンティティの籠の中に戻ることもできる。読者が読むことで、（読者の）心の持ち方やアイデンティティの紡ぎ上げ方が変化し得るという意味で、紀行文は、私たちと旅の間を媒介《メディエート》しているのだ。

そんな私の関心の中で、本書では、三つの旅の目的地を選んでみた。まず日本統治時代「樺太」と呼ばれた、現ロシア領「サハリン」。次に北海道の旭川市やその周辺。最後に、青森県の十和田市と六ヶ所村である。どの目的地も「北」にある。

「国境の北」へ

それぞれの土地を選んだのは、それぞれ異なる理由があるが、一般的にはコロニアル・ツーリズムの対象とは必ずしも認識されない場所もあるので、少々説明を加えてみたい。

まず、サハリンであるが、これは大日本帝国時代の日本統治領であり、現在はロシア領となっている。サハリン島のすべてが日本統治領だったわけではないが、南半分を「樺太」と呼んでいた時代がある。後で詳細に記したいが、現在でも地図を見ると、「サハリン」という表記の下にカッコをつけて「樺太」と記している地図も多い。日露戦争後のポーツマス条約で、北緯五〇度線以南が日本統治領となり、終戦直後の旧ソ連による侵攻・占領まで事実上の日本の領土であった。

樺太には日本人町がいくつもでき、ほぼ四十年間に渡り日本統治領として、様々な日本的なるものが育まれていった。都市計画を研究する研究者たちによれば、サハリンの首都である旧「豊原」、現「ユジノサハリンスク」は、札幌とほぼ同じ都市計画によって作られたとのことである。街並みも、どこか札幌や他の北海道の街を思い起こさせる。

サハリンにも、すでに記したように（日本からの）コロニアル・ツーリズムはあった。多くは移住のための目的地としての色彩が濃かったようだが、すでに記したように、大きな旅行企画もあった。また、宮沢賢治の『銀河鉄道の夜』の舞台にもなったこともよく知られている。この物語の中で、汽車は現ユジノサハリンスク（旧豊原）から出発するのだ。

この島ではコロニアルなツーリストたちがたどった軌跡を今でも追いかけることができるが、当時とは一つだけ大きく異なることがある。それは、現在日本語で旅などはとてもできないということである。逆に考えれば、「他者」の土地に自分のことばで旅することができるのが、コロニアル・ツーリズムであることも確認できる。現在、ロシア領となり、ロシア語が話されている旧植民地を旅することの意義は、果たしてどのようなものなのだろうか。

一方、ここでは、時折日本語で話しかけられることがある。そんなことはめったにないらしい。その意味で、私は非常に「ラッキー」であった。そのような稀有な可能性の中で、日本語で話しかけられたことの意味を考えることができる。私は日本語で話しかけられた結果、サハリンでいろんな経験をすることができた。その上に、本来は自分が興味さえも持つこともなかった、この土地に目を向けることができるようになった。そのようなことは、この人に出会っていなかったら、およそ不可能であっただろう。この旅では、自分の中で何かが変わっていったことを感じざるを得なかった。そんな諸々をサハリン紀行として記してみた。

次に、北海道旭川市への旅についてだ。多くの場合、本州以南に住む人の多くは、北海道が太古の昔から日本の領土であったことを信じて疑わない。小学生のころから、地理の学習で北海道は日本の領土として教えられてきたことを考えれば、それは仕方のないことであろう。最近では、北海道にアイヌという

「少数民族」(「先住民族」ではなく)が暮らしていることを教えるようになってはいるが、土地そのものが「アイヌモシリ」であったことまで教えはしない。それに加え、北海道におけるアイヌの存在と、屯田兵がこの地に入植した事件が、「日本史」の授業では切り離されて教えられるのだから、この国の地理・歴史教育の構造上の問題であることは明らかだ。

いずれにしても、旭川市には、よく知られたアイヌの共同体があるし、観光に赴いても、アイヌの存在がかなり分かるようになっている。例えば、JR旭川駅に行けば、アイヌの木彫り人形が建っているし、アイヌ芸術家による作品も現在では展示されている。アイヌ・ミュージアムとなった旭川市博物館もある。それでも、観光という人々の営みは、もしかしたら、その昔行われていたコロニアル・ツーリズムと大して変わりがないのかもしれないと感じたことがあった。というのも、旭川市で行われていたコロニアル・ツーリズムは、「日本人」がアイヌの存在を、どこか「よそ者」のように眺め、自分たちとは異なる生活や文化を持つ、エキゾチックな存在として眺めてきたためだ。そこで、「日本人」ツーリストたちは、ちょっとした異国情緒を覚え、日本国内に居ながら、他者の息吹に触れ、自分たちの存在を再確認することになっていたのだ。

この土地をかつて「日本人」は「内国植民地」と表現したことがあるが、ことさら北海道が「内」にある植民地であることを強調するこの表現は、特殊な「何か」が「日本人」とこの地の間に浸透していることの表れでもあろう。私は、この土地をコロニアル・ツーリズムとは異なる方法で旅をしてみたいと思い、その軌跡を記してみた。

最後に、青森県六ヶ所村と十和田市への旅であるが、通常、青森県への旅は、コロニアル・ツーリズムとして認識されることはない。このことを考えれば、現在において、この地へと足を延ばすことは、単なる国内旅行でしかない。一方、二〇一一年三月十一日に起こった大地震によって引き起こされた福島第一原子力発電所の深刻な事故や、その後の原発関連の諸々の出来事は、あらためて、「東北」という地域が関東の都市部のために存在させられていることを明らかにした。福島にある原発が止まったことで、関東では計画停電という緊急措置が取られたのであるが、それは関東の都市が（福島をはじめとする）東北からの電力供給に深く依存していたことを露呈した。つまり、読者もすでにご存じのように、関東の都市部の繁栄は、東北における原発の稼働、それに伴うリスクの負担によって、可能になってきたのだ。

一方、私の六ヶ所村や十和田市への旅の記録は、二〇一一年以前のものである。つまり、震災以後、復興支援のボランティアや調査のために東北に行ったわけではない。震災と原発事故が起こる前に、この地を私は何度か訪れた。読者の中には、本書が福島第一原発の事故以後に発刊された「国境の北」への旅の記録ということで、反原発色が強いものを期待されるかもしれない。しかし、必ずしもそうではないことも記しておきたい。

まず六ヶ所村であるが、そこは原発が稼働することによって排出される核廃棄物の貯蔵場所であり、その廃棄物からプルトニウムを取り出すための核燃料再処理施設がある地だ。米国では、二〇〇八年にオバマ政権がネヴァダ州ヤッカ・マウンテンにある核燃料再処理施設の凍結を決定し、大きな話題を呼んだ。しかし、この国では、この施設の存在さえ大して知られていなかった。さすがに、原発事故以後は、マスコミも取り上げるようになり、六ヶ所村のことを知っている人に時に会うようになったが、それでもマイナーな施設であることには変わりがない。そして、この周辺の十和田市には、この施設に反対の声を挙げている人がおり、私は、何度か、その人の田んぼの雑草を抜きにお邪魔するようになった。

六ヶ所村や十和田市への旅は、まさしく東北と関東の都市部の間の関係を考えざるを得ない旅であった。かつては、青森県も含む東北は、北海道と同じように「蝦夷地」と呼ばれ、東北よりも西南の人々や権力者たちは、「未開の地」として認識してきた。そのような認識故に、現在もなお、「私たちが、あなたたちを豊かにしてあげましょう」という、上から目線、つまり温情主義が横行し、東北が関東の都市、主に東京に従属させられてきたのだ。震災以前の、私の青森への旅では、そんな構造がはっきりと見て取ることができ、今後の自分の生き方に変化を促すようなものになっていった。

一方、原発事故以後、東北の関東への従属構造がようやく終焉を迎えるに違いないと思った人も多いと思う。都市部の人々も、都市による原発の依存に異議を唱え始めたからだ。しかし、国策としての原子力推進政策はまだ終わろうとしない（福島第一原発の事故以後すべての原子力発電所の稼働は停止したが、現在いくつかの場所で再稼働し始めたことはご存知の通り）。この意味で、本書は原発事故以前の旅の記録ではあるが、それ以後の状況にも大きな意味を持ち得ると判断し、東北・青森への旅の記録をここに収めることにした。

北へと向かう旅の中でも、以上の三つの土地が選ばれたのは、決して偶然ではない。この国が、明治維新を経て近代という時間を経験してきた中で、「国境の北」に位置付けられた地は、間違いなく、コロニアルな記憶の轍《わだち》を刻んでいる。「国境の北」への旅は、コロニアル・ツーリズムという文脈においては、近代日本の自画像を生み出すのに大きな貢献をしたことはすでに述べたが、現在においては、それを変化させていくための契機にあふれている。その経験を「成長」と呼ぶのかどうか、ことばの恣意性は否めないが、少なくとも、「私たち」の自画像が変化・移動することの可能性を、わずかながらでも読者のみなさんと共有できるかもしれないと思っている。

第1章　サハリンと樺太の中間へ

なじみのある旅とは

今から十年も前の夏のこと。庭先で雑草を抜いている時に、チャドクガの毛虫に左腕をやられてしまい、痛痒《いたがゆ》い思いをしていた。日本の夏は暑くて湿度が高いため、患部はじくじくしてくる。本当にいらいらさせられるし、日本の夏がうらめしくもなる。しかも、私は、痛痒いまま、サハリンへとしばらく行くことになっていた。

なぜ、サハリンに行こうと思ったのか。あのころは、日本の植民地支配の痕跡のようなものを、自分の眼でみておきたいという気持ちが強かった。自分が十一年以上も暮らしたアメリカで知り合った中国、韓国、台湾、インドネシア、フィリピンからの友人たちから、日本の植民地支配とその後について議論を交わしていたりしたのだが、本などの活字媒体を中心に得た知識ばかりで頭でっかちであったことは否めない。したがって、今度は動かしがたい実感を伴うかたちで確かめてみたいと思ったからであった。それに加え、当時、アイヌに関係する展示を持つ博物館を、できるだけたくさん見てみたいと思っていたこともあり、サハリンの博物館にも行こうと思い立ったというわけである。

この島に関する私の知識と言えば、日露戦争後の講和条約で、南半分つまり北緯五〇度以南が日本に割譲された、という程度のものであり、「割譲」ということばの持つリアリティも、極めて希薄なものでしかなかった。これに加え、それまでロシア語を学んだわけでもなく、ロシア文化にも興味を寄せてこなかった自分が、なぜ「サハリン」に行こうと思ったのか、自分でもうまく説明がつかなかった。それでも、行きたい気持ちが勝ってしまい、とにかく行くことにした。知り合いもいない土地に一人で行くことに躊躇があったので、知人に同行をお願いしたら二つ返事で承諾してくれた。佐藤さん（仮名）と言うのだが、彼は北海道出身で、今回のような旅に慣れている人である。

佐藤さんを誘って、すぐに効果がでた。というのも、佐藤さんはユーラシア大陸に知人が多く、何かとウランバートルだのハバロフスクだのに行くことがあるらしく、サハリン行きの手配についても、そつなく準備してくれた。旧ソ連圏ということで、私には全くなじみのないエリアであったため、彼のツテで専門の旅行社を利用できたのはありがたかった。しかし、宿泊するところはこちらが自由に選ぶことなどできず、高級なホテルが当てがわれた。フライトも、一日に何便もあるアメリカに行くのとは違い、週に数えるほどしかない。したがって必然と出発日も限られてくる。

結局、羽田から稚内、稚内からハバロフスク、ハバロフスクからユジノサハリンスク（サハリンの首都）と、二回も乗り換えて行くことになった。地図をみれば分かるが、ユジノサハリンスクへの距離は、直線でみると、稚内・ハバロフスク経由で行くのよりもはるかに短い。それなのに、二回も乗り換える。当時は、まだ直行便がなかったのだ。

稚内の空港で気がついたことがある。この都市は北海道最北端の漁港である。空港のターミナルには、日本からの観光客よりも圧倒的に（ユーラシア）大陸からの人々が多い。おまけに、フライトを待つ人々は大きな荷物を持っている。電気ガマの段ボールをかかえている人、でっかいラジカセの箱を抱えている人などがおり、多分日本で電気製品を買い求め、ロシアに持って帰ろうとする人々だ。腕時計を忘れた私は、聞いたこともないメーカーのデジタル時計を五百円で買い求めた。この時計は複数の時間帯を設定できる海外旅行仕様で、その後何年も私の旅先にくっついてくることになる優れものだった。

ハバロフスクに到着すると、まず入管だ。しかし、9・11以後のアメリカのような厳しいセキュリティを抜ける入管ではなく、飛行機を降りてから、なんと空港の外を歩き、国内線のターミナルへと向かう。これには拍子抜けした。旧ソ連の空港での入管だから、もっと物々しい入管かと思いきや、そのままハバロフスクの街に紛れ込もうと思えばできてしまうようなものであった。しかも、もし真冬で吹雪いてでもしたら、とても歩くことなどできないだろう。とにかく、このおおらかな乗り換えを経て、ローカル線の飛行機に乗り込んだ。夏ではあったが、すでに涼しく、毛虫にやられた患部のことなどすっかり忘れてしまっていた。

ローカル線の機内は、非常にシンプルな作りになっていた。アメリカやヨーロッパの空港会社などは、フライト中でさえ何かを売りつけようとして、座席にもショッピングのカタログなどが置いてあるが、そんなものはこの飛行機の中にはない。拍子抜けしてしまうくらいに殺風景であり、ミニマムなつくりであった。断熱材が壁の隙間からはみでているところもあり、少々不安になったくらいである。

機内のアナウンスはロシア語だけ。よって、私にはまったく理解できなかった。こんなことは初めてであった。理解できないのにコトが進行していくことに不安を覚えたが、周りの人々があわてる様子もないのでヨシとした。軽食も、こちらにチョイスがあるわけではなく、パンとハムとチーズの入ったボックスが配られただけで、野菜も入っていなかった。「そうか、ロシアは肉食の国なのだ」などと短絡的に納得してしまう自分に笑えた。

離陸後一時間ほど経つと飛行機が急に前のめりになり、着陸体制に入った。あっというまのフライトだ。サハリンの豊かな緑と山、川などが窓越しに見える。羽田の上空から見えるごちゃごちゃした都市の景色とは大きな違いだ。着陸体制に入った飛行機は、まるで急降下でもするかのごとく高度を下げている。これまでの私のランディングの経験と比べ、こんなに急な角度で着陸しようとするのは初めてだ。大げさな表現に聞こえるのかもしれないが、地面に突っ込むのではないかと思ったほどだ。隣にいる佐藤さんが、「ソ連崩壊で、（旧ソ連の）空軍パイロットが民間パイロットになったせいさ」と教えてくれた。日本の空港会社も旧ソ連出身のパイロットをかなり雇った、というニュースはどこかで聞いたことがある。なるほど、この急降下は軍仕込みに違いない。全く大げさだが、まるで厚木基地のタッチ・アンド・ゴーさながらだ。

ドンと車輪が着地した軽い音を聞いた。降下する角度に比べたら、ランディングはかなりソフトであった。というより、優雅でさえあった。私は、いつもこの瞬間はかなり緊張するのだが、このランディングには安定感があったし、なかなかの腕前とみた。

それにしても、飛行機という技術は、私たちを遠くに運んでくれるだけでなく、いろいろなものと深い関係を（私たちに）持たせるものだ。その技術自体は軍事技術の転用であるし、それを使いこなすのも軍の訓練を経た熟練パイロットである。私たちは、飛行機に乗るだけで軍事的成果と関わりを持つことになる。一方で、飛行機の中に目を転じてみれば、資本主義世界の飛行機の中であれば、消費一色である。機内食にも、広告はつき物だし、免税品（Ｄｕｔｙ Ｆｒｅｅ）を売りさばく画一的メイクと笑顔を顔の上に乗せた客室乗務員が、私たちのクレジットカードを飲み込む準備もしている。当時のロシアの飛行機の中は、まだその色は薄かったが、今となってはきっとショッピングのためのカタログなどが置いてあるに違いない。それに加え、国境を超える様々な人々の往来を目撃できる空港は、出入国の管理を行っており、私たちの移動の自由の保障と管理・制限をしている。飛行機や空港をみれば、自分たちの暮らす社会が見えてくる。

現在、国境をまたぐ移動を伴う旅は、国家間の取り決めによって管理されている。その取り決めに基づき、パスポートとビザが必要となる（短期の滞在であれば、ビザが省略されるのはご存じの通り。ただ、帰りのチケットを持っていることが前提であることがほとんどだ）。それらがない場合は、不都合が生じる。例えば、国境を超える人が難民の場合、簡単に通行させてもらえない。一方、国家の住人であれば、つまり満額の市民権が付与されていれば、ほとんどの場合通行は保障される。その上、機内や空港では消費に必要以上に従事することまで奨励されるのだ。したがって、私たちにとってなじみのある旅をする資格は、国家の定住者であることと高いレベルで消費をする能力があることが、ほぼ同義であると言ってもよいようなものになる。

地図というメディア　～オホーツク海を中心にしてみる～

サハリンの州都は「ユジノサハリンスク」といって、ロシア語では「南のサハリン」と言う意味である。[注1] 日露戦争以後、ここは日本の領土となり「豊原」という名前をつけられた。日本という国家は、この時期ロシアの南下に備えるために、この地を押さえておきたかったのだ。そして、サハリンには天然資源も豊富にあるため、資源へのアクセスを求めた。しかし、現在の多くの石油・天然ガスの拠点が、（南部ではなく）北部のオハあたりであることを考えれば、この国は渇望したものを結局、手に入れることができなかったのだ。手に入れたものは、森林資源と炭鉱と寒い土地だけであった。

私たちはユジノサハリンスクに滞在した。まず初めに地図を買い求める。大学院生のころ、古典ギリシア語を何年かやっていたこともあり、ロシア語のアルファベットはいくつかの例外を除けば、ギリシア語に少々似ていることが分かり、通りの名前や地名はだいたい分かるようになった。

地図を眺めていると人はいろいろなことを思い出すものだ。十九世紀に、間宮林蔵が宗谷海峡を行き地図を作ったこと、そしてそれがロシアの南下を抑制するための測量事業であったことなどは、高校生のころに学んだ知識である。この文脈の中で考えると、この島は、どうしても北の端っこにあるイメージを持ってしまう。また、北海道に関しても、十九世紀に「蝦夷地」とよばれたこの島に明治政府が屯田兵を入植させた、という知識によって、私たちはこれらの地を「北の辺境」として認識してしまう。多分、ロシア人にとっても、このあたりが「極東」と表現されていることから考えても、同様の認識であろう。ロシアからみても日本からみても、この地は「辺境」なのだ。

しかし、地図をいくつか眺めていて、はっと気が付いたことがある。青天の霹靂であった。それ程、自分が今まで考えたこともないものであった。それを気が付かせてくれたのが、この地図である（三七頁掲載）。この地図の特徴は、なんといっても、今まで自分が見ていた地図をさかさまにしている点であろう。

注1　ポーツマス条約以前のサハリンの名称は、江戸幕府が勝手に「北蝦夷」と呼んでいたが、一八五四年の日ロ通好条約にて、どちらの領土でもない雑居地となった。その後、再び、北海道と同時管轄としたりと、どうも方針が定まらなかったようである。これはひとえに、この地が亜寒帯気候区にあり、港が凍結したり、島内の幹線道路の整備が進展しなかったためである（秋月　一九九四年）。

地図というのは、誰が使用するのかをしっかりと吟味して解釈しないといけない。それは、あたかも客観的であるかの印象を私たちに与える魔物である。魔物という表現は少々大げさだが、地図の持つ政治性を疑うことなく、そのまま受け入れてしまうことで、私たちは、その地図を描いた者たちの世界観であるとか、価値観を自分の頭の中に深く浸透させ、しかも快楽まで得てしまうのだ。

この地図がロシア語で記されていることから考えても、本来はロシア人のための地図であることは明らかであろう。ウラジオストクなどの不凍港を求めたロシアの野心が見てとることができる。教科書的な知識を動員すれば、この地名は「港を征服する」という意味があるらしい。この意味で、ロシアからみる地図は領土収奪合戦であった帝国主義時代の意識を反映しているといってもいいだろう。

一方、この地図はロシア人の視点を反映している以上の「何か」を気づかせてくれる。それは、この地図がそのまま北の先住民族たちの交易圏・生活圏を記していることである。アリューシャン列島、シベリア、サハリン、そして北海道の東岸と千島列島の数々は、オホーツク海を囲むように並んでいる。それは海なのだが一つの池のようでさえある。これが、この地に住まう先住民族たちの活動エリアであり、その中心なのだ。島から島へと渡り、食料を取引したり、ラッコの毛皮を取引したり、また物品の交易だけにとどまることのない文化が交流してきたエリアなのだ。例えば、アイヌは、サンタン（三丹）と交易をすることで、大陸の文物や文化を取り入れてきた（サンタンとは、沿海州に住むヴィルタやニブヒなどを指す）。また、「元寇」で知られるモンゴル最強の帝国、「元」とアイヌが戦った記録も近年注目されるようになった。

このひし形の池のような形のオホーツク海のみえ方は、いつものように日本地図を眺めていては決して気が付くことはない。私たちが日本地図を眺める時には、北の端っこの方は切れてしまっており、ロシ

さかさまから見た地図　作成 上泉隆；写真・文 伊藤健次『アイヌプリの原野へ―響きあう神々の謡』（朝日新聞出版、2016年）より転載（私の持っていたロシア語の地図はボロボロになってしまい、上泉氏作成のものを使用させていただく）。

ア領との間で池のように見えるこの海の存在を浮き彫りにはしない。通常の地図では、その場所が切れてしまうほどに、「辺境」という位置付けしか獲得することができないのだ。

となると、日本で発行されている地図は、北の先住民族の交易圏を映し出していないことになる。実際、日本で教育を受けると、先住民族であるアイヌやヴィルタのことや、彼らのオホーツク海での交易のことなどは、ほぼ触れられることがない。その代りに、自然と共生する、絶滅をひっそりと待つばかりの穏やかな存在としてのステレオタイプが定着することになる。このことを考えれば、地図の果たす役割は大きい。つまり、地図は現実と私たちの間を媒介し、ある特定の他者の姿を映し出すメディアなのだ。

一方で、ロシアが北の先住民族に政治的な承認を与えているかと言えば、決してそうではない。民族的アイデンティティには寛容な部分はあるが、具体的に先住民族の自決権や先住権に触れることはない。アイヌに至っては、その存在が否定さえされている。ロシアによる公式な声明によれば、戦後アイヌはすべて日本に戻ったということになっている。[注2]

一方、ユジノサハリンスク滞在中、市庁舎前で、アイヌがサケの漁業権を求めてハンガーストライキをしていたことを新聞で知った。自分たちの、生活、伝統、信仰への政府からの承認を強く求め、彼らは政治的にアクティヴであり、決しておとなしいだけの存在ではない。彼らはそこに生きているのだ。

混ざり合う文化

サハリンは、当時の日本では「樺太」と呼ばれていた。[注3]

朝鮮半島や台湾とは異なり、この地に総督府は置かれなかった。代わりに、樺太庁が置かれた。[注4] つまり、総督府を中心とする植民地支配の形態を持たされたのではなく、あくまでも北海道庁などと同じ扱いで、本州の延長のような扱いだったことが分かる。それを「内国植民地」と表現するのであるが、意識としては本州の一部のような扱いだったのだ。これは、この地が不毛で「無主地」だったと認識されていたことに起因するように思う。この不毛で「無主地」であったという認識の持つ意味は、別のところでもう少し書きたい。

樺太庁舎があったのが、現在の郷土博物館である（写真1）。最初にも書いたが、この博物館に行くのが当初の私の目的であった。建築様式は、近代様式で作られた本体の上に、瓦を乗せた屋根を配する「帝

注2　樺太アイヌの北海道への強制移住は、二回あった。一回目は、一八七五年の樺太・千島交換条約である。この条約によって、明治政府は一度、樺太を放棄をしている。そのため、樺太アイヌは、移動を余儀なくされた。ここで移動させられたアイヌたち八四一人のうち約三〇〇人が、気候や環境の違いからコレラや天然痘などの病気にかかり、死亡したことが伝えられている。この問題の詳細は、樺太アイヌ史研究会編（一九九二年）や秋月（一九九四年、二五五〜二五八頁）を参照のこと。二回目は、一九四五年以後、ソ連の施政下に組み込まれた樺太アイヌが住み慣れた樺太での生活をやめ、北海道や内地のどこかに移住したことである。この移住に関しては、強制移住であったのか、そうではなかったのか議論が分かれている。樺太アイヌを「徹底的に日本に強制移住」させたと考える大塚（二〇〇四年、九二頁）と、必ずしもそうではなかったという、移住後の樺太アイヌへの聞き取りを通して判断した田村による論考がある（二〇一三年、四六四頁）。

注3　この島は、十八世紀から十九世紀にかけて、江戸幕府がまだ認識さえしておらず、清朝から「黒龍嶼」、「庫頁島」と呼ばれたこともあった（白鳥一九〇七年）。サンタン貿易で知られるようになってからは、「北蝦夷」や「唐太」という名称使用されたようだ。そして、明治二年（一九六九年）に、明治政府が「蝦夷地」を「北海道」に改名したのと同時に、「樺太」に統一した。

注4　日露間の講和会議の後、一九〇七年に樺太庁が設置された。当初、樺太庁は大泊（現コルサコフ）に設置されたそうだが、一九〇八年に豊原へ移転した。

写真１　サハリン郷土博物館

冠様式」と言われるもので、なかなか興味深い。というのも、明治維新以後、日本はヨーロッパ列強の技術を取り込みつつ、自分たちが中国とは異なることを内外に示すため中国からの影響を排除した建築様式を作り上げなくてはならなかった。この意味で、近代西洋建築の上に瓦を置く東洋建築の折衷である「帝冠様式」は苦肉の策のようにみえる。

この建築様式は、この時期たくさん生まれている。例えば、二〇一一年三月の東日本大震災で一部が壊れてしまった東京・九段にある旧軍人会館（現九段会館。二・二六事件があった場所）、横浜にある神奈川県庁舎、名古屋にある愛知県庁舎、箱根美術館などで今でも見ることができる。サハリンの旧庁舎の内装は、大理石がふんだんに使用され、なかなか豪華な作りだ。

現在、この旧庁舎は博物館になっている。その展示内容は「サハリン」の郷土資料を、「科学的にかつ歴史的に展示する」機能を担うものだ。先住民族であったヴィルタやアイヌたちは「（過去の）滅びた人たち」

として展示されている。そして、日本の統治時代については、長い歴史の中では一時的なものとして言及されるだけで、「サハリン」がロシアの領土としての歴史を長く有してきたことを伝える展示を持つ。この博物館は、地域の自然であれ社会であれ、現在の土地の居住者の視点を通じて展示をするために、混ざり合った過去までも現在の居住者からの視点で覆い尽くそうとする。その行為は、ばっさりと国境を引くかのごとくである。ロシアでも日本でもなかった過去の自然史までもが、ロシアのものだと言わんばかりでもある。

現地の複数のジャーナリストたちにもいろいろと聞いてみた。この建物は、若者の間ではなかなかおしゃれなスポットになっているらしく、古くなった屋根を修復し、今後はさらに広く一般にも開放していくようである。単に博物館としてではなく、結婚式を挙げる場所としても人気を集めているようで、もう少し大きな事業にしていくとのことであった。政治的利用だけでなく、コマーシャルな利用の方が需要としてあるのは、ソ連が崩壊したことの証でもある。実際、旧共産圏という暗さはユジノサハリンスクにはそれ程なく、通りにはアイスクリームのベンダー（屋台）が並び（とても、おいしい！）、街には数件の寿司屋もある。

ホテルの部屋に戻り、あらためてユジノサハリンスクの地図を眺めた。当然、ここ数日で訪れた場所はすべてロシア語で表記されており、ましてや日本統治時代のスポットなどは記されていない。私たちの宿泊しているホテルは「ガガーリン・ホテル」といい、ガガーリン公園という大きな公園と隣接している。ガガーリンとは、世界で初めて月面に降り立ったロシアの英雄飛行士である。この地はロシアにとっても日本にとっても「辺境」ではあるが、この宇宙飛行士の名前は、ここがロシアの土地であることを言祝ぐほどに轟いている。

滞在中は、近所で買ってきたパンをかじり、市場で買った惣菜を食べるなど食事は簡単に済ませていたが、たまにはまともな夕食を取ることにした。フロントで教えてもらったレストランに行くことになった。そこは所謂《いわゆる》「ビストロ」であった（そう、ここはヨーロッパ）。ぼそぼそとパンをかじるばかりだったので、ようやく暖かい食事にありつくことができてうれしかった。

まず出てきたものは、ペリメニというロシア風スープであった。五臓六腑に染み渡るうまさであった。ペリメニとは、餃子がパスタの代わりに入ったスープのことだ。ヨーロッパ的ロシアとアジア的ロシアが混ざったスープ・パスタなのだ。国境が政治的に区切られる時、人々は翻弄されるが、食べ物は境界線に関係なく混ざり合う。うまいから、さらに工夫が凝らされ、もっとうまいものが出来上がる。ペリメニは、文化が混淆に次ぐ混淆を重ねて出来上がってくることを教えてくれる。旧樺太庁舎も同じような理由で、ナショナリズムに貫かれた自然史ミュージアムであるのと同時に、ロシア人が、ロシア正教の教会ではなく帝冠様式の建物で、結婚式を挙げたいとまで考える、複数の文化が入り混じる人気スポットでもある。

私の知らない「旅」

「日本人ですか」と日本語で尋ねられた。それは、サハリン郷土博物館でサハリンのコリアン文化の展示を見ている時だった。聞いてきた人は、筋肉隆々のがっちりした体格の男であった。風貌はアジア人で、目はくりくりしていて緑色。一瞬、この地に誰か知り合いがいるのではないかと錯覚した程、当たり前のように、その男は日本語で話しかけてきた。

この人がこれから二度にわたる私のサハリンへの旅でお世話になる梁《ヤン》さん（仮名）である。その時、梁さんは、モスクワからの客人を持てなしていた。梁さんが、なぜ僕に話しかけてきたのか、はっきりと確信めいたものがあるわけではない。それでも、彼が話しかけてくれたおかげで、私はサハリンという土地の奥深くに入ることができるようになった。

さて、梁さんがどのような人なのかは、彼が私を連れて行ってくれた場所と大きく関わるため重要である。まず、梁さんはロシアパスポートを持つ「ロシア人」。でも、自分の国家・民族的帰属意識を表現する時は「韓国人」。それから、もっと根底にある自分の出自のようなものを表すものとしては「朝鮮人」である。南北分断前の朝鮮半島の出身者でありつつ、「大韓民国」を祖国としているのだ。そして、彼は、私の父親と同じ年齢であり、一九四五年の夏を「日本人」として迎えた。小学校四年生の時であった。そのため、日本名も持っていた。

次の日、彼は近隣を案内してくれることになり、彼の運転する４ＷＤで、ユジノサハリンスクをドライブした。梁さんは、私たちに日本語で話しかけてくる。小学校四年生の時まで日本語を使っていたせいか、なかなか流暢である。「日本語が上手ですね」と言うと、「日本語は難しい。漢字の読み方が難しいです」と言う。「いや、待てよ。この世代ならば、かなり漢字が混じった朝鮮語を使えるはず」と思ったのだが、実はそうではなかった。そして、その疑問はすぐに晴れた。

というのも、彼は一九四五年の夏以後は、「ロシア人」としてサハリンに住み続けたのだ。その話は、私にとって大きな衝撃であった。一九四五年夏、日本の降伏により、それまで日本の領土であったサハリン南部はソ連のものになる。そして、サハリン南部に暮らしていた日本人たちは、ロシア兵による攻撃・占領・暴力を逃れるために、当時「内地」と呼んでいた本州や北海道に向かって帰還しようとしていた。樺太庁が用意したバスがあったようで、名簿に記載されている日本人たちがバスに乗り込み、順次日本に向かって出発したようである。[注5]

当然ながら、当時、日本姓を持っていた梁さんも、そのバスに乗り込んだ。小学校の同級生たちと共に、自分も日本に帰るものだと信じて疑うこともなかったそうである。バスに乗り込んだ後、点呼があったそうだ。一人ひとり名前が呼ばれ、バスに全員がちゃんと乗車したのかどうか確認されていった。しかし、最後の一人の名前が呼ばれるまで、彼の名前が呼ばれることはなかった。まず彼は何かの間違いだと思ったらしい。しかし、やはり彼の名前はそこになかった。名簿に名前が記載されていなかった彼は、バスを降ろされ、その場に残ることになったのだ。

日本の降伏により、旧植民地下にあった樺太在住の朝鮮半島出身者は「日本人」ではなくなり、その瞬間に、梁さんの名前も彼の知らないうちに日本名から本名になった。どういう訳か日本国籍から抜かれたのだ。[注6]そのために、彼の名前は呼ばれることがなかった。ここまで話し終わると、彼は声を大きくして、「本当に悔しかった。友達と一緒に日本に行くものだと思っていたから」「本当に、がっかりした」。

車は、旧日本の主計学校前に到着した。その建物は、当時のものを増築し、現在はサハリンの海洋科学研究所となっていた。具体的に何の研究をしているのか、私には分からないが、不機嫌そうな表情の門番がおり、私たちの乗っている車に近づいてきた。お役所的なやり取りが、梁さんとの間で交わされた。もちろんロシア語であるから、そのように感じ取っただけだ。梁さんのロシア語は、日本語よりもずっと流暢、というより、彼の生活の言語である。声を荒げて、彼が交渉したのは、私たちがこの学校の敷地内に入って中を歩くことであった。梁さんがやり取りをした後、私たちは敷地内に入ることを許された。通常は中に入ることなどできないそうだが、「この日本からの客人は、自分の親がこの学校に行っていたので、懐かしみにきたのだ」と言って交渉したらしい。これは全くデタラメだ。中に入ると、そこにはどこにでもある日本の学校の校舎があった。建物の中央に時計台があり、その時計台が見下ろす運動場もあった。私は、そこで何を見るべきなのか全く分からなかったが、日本による統治以来の街や景観がいまだに残っていながら、肌に感じる風は日本にはない乾燥したものであることに不思議な気持ちにもなった。

さて、梁さんはバスを下されてからどうなったのか。その先を聞き出すために、主計学校の敷地内の散歩などはそこそこに切り上げて、また車に戻り彼に質問を浴びせた。彼は、バスに置き去りにされた後、

注5　樺太から内地への引き上げは、ソ連による攻撃が激しくなった八月十五日から始まったと伝えられている。まず、真岡、塔路、恵須取へ激しい爆撃が加えられたらしい（豊原は二十三日に陥落）。樺太庁は、邦人を引き揚げさせるために、各都市から港へと行くバスを用意し、邦人を載せて順次発車させた。八月二十二日に、日本とソ連との間に停戦協定が結ばれたことを受けて、すべての樺太の港がソ連軍によって封鎖され、引き揚げることが困難となった。具体的に何台のバスが出発したのか分からないが、八月十五日から二十二日の間に、各都市から港へとバスがシャトル運行した。紆余曲折はあったが、七万三二七人の日本人が、北海道へと移動した（中山二〇一三年、七四五頁）。

注6　正式に、朝鮮半島出身の人々の籍が、韓国籍や朝鮮籍となったのは、サンフランシスコ講和条約（一九五三年）後である。それにも関わらず、梁さんの名前がバスの乗車名簿になかったのは、樺太庁の施策であったと思われる。戸籍が、庁の役人の手元にあり、朝鮮籍の人々が引き揚げ名簿から抜かれたことは想像に難くない。中山によれば、樺太庁からソ連当局に引き渡された「市町村名簿」には、朝鮮半島出身者はすでに朝鮮姓名で記されていたとのことである（二〇一三年、七四五頁）。樺太社会における、日本人による朝鮮籍の人々への差別意識が反映されたということだろう。

ロシア人として生きることになったそうだ。当時、旧ソ連と韓国の間には国交が存在しないため、置き去りにされた朝鮮半島出身者たちは、ロシアに残ることを余儀なくされたのである。[注7]

彼はロシアの学校に入ることになった。その後、船員になるべく船員学校に行ったとのことである。今まで、日本語で暮らしてきたのに、今度はロシア語で暮らすことになった状況を考えると、いったいどのようにして生き延びたのだろうか。

「ロシア語は、その頃使えたんですか」「そんなわけないでしょ。（自分のことを）日本人だと思っていたんだから」「では、どうやってロシア語をマスターしたんですか」「とにかく、話している人の唇を見たね。それしか方法はなかった。なにしろ、全く知らないことばだったんだから。だまーって、相手の唇ばかり見ていても、朝鮮人はどうせ何もしゃべらないから仕方がない、って（ロシア人たちは）思ったみたいで、助かった」「とにかく、食べることが大切だったので、船員学校に行って金を稼ぐことだけを考えていたんです」。こんな会話をしていると、車は山を登る道の途中で止まった。

「ここを行くと、日本兵が残した缶詰を（自分が）掘り出したところがあります」と、獣道《けものみち》程度の幅しかない小道を車の窓から指差した。彼は、バスを降ろされた時から、自らが生き延びるために、ありとあらゆる手段を使い、ここまで生きてきたのだ。きっと、子供だった梁さんは、日本兵たちをよく観察していたのであろう。筋肉隆々の彼の身体は、そんな風にたくましく生き延びてきた、彼の人生そのものを物語っているようである。

それから、梁さんは当時の日本人が住んでいた地区に連れて行ってくれた。車をゆっくりと動かし、一軒一軒車窓から見えるようにしてくれた。窓越しにみえる家の数々は、鉄筋でできた近代的なものではなく、木造の古めかしい構造でできている。日本で言えば、長屋のようにみえる。現在は、ロシア人たちが住んでいる。どの家にも犬がいるようで、鳴き声が聞こえる。煙突からは煙がでていて、人々の営みがうかがわれる。一方、道路は未だに舗装されておらず、サハリンという土地が現在のロシアにとっても、未だ開発途上であることを伺い知ることができる。

「屋根が柾《まさ》でできているのが特徴です」と梁さんが教えてくれた。柾というのは、木の幹を平たくして、まるで覆いのようにして屋根の上にかぶせるものだ。雪国では、屋根の上に雪が積もり重さで上からの力が加わるため、木の幹を横にして重みに耐え得る柾を使ったようである。北海道の屯田兵村跡にも同様の建築様式がいくつもあったことを思い出した。

そういえば、街の作りも北海道とよく似ている。この旅に同行してくれた佐藤さんは生まれも育ちも北海道で、ユジノサハリンスクのポプラ並木が札幌と全く同じだと指摘してくれた。実際、この街は当時の日本の最北の都で、札幌に模して作ったものなのだ。また、この旧日本人居住区に来る前に、梁さんは、ユジノサハリンスク市街地を見下ろす小山の上にあるNHKの作ったアンテナのあった鉄塔も見せてくれた。日本統治時代、この街にはNHKのラジオ放送があって、人々はニュースや音楽を聴いていたりしたのだ。

注7　大沼（一九九二年）によれば、ソ連当局は残留朝鮮人のことを労働者として位置づけた。一方、アメリカ合衆国は、彼らのことを思想的に共産主義に染まっていると認識し、日本政府は敗戦国であることを盾に不干渉とした。そのため、彼らが朝鮮半島や日本に戻ることの政治的議題は棚上げされ続けることとなった（二五〜三五頁）。結果的に、彼らの多くが常時帰国することが可能になったのは、一九八九年からの日韓の赤十字による帰国支援を待たなくてはならなかった（高木 一九九〇、一七六〜一七七頁）。本書に登場する梁さんたちの多くが、一九八九年以後、帰国した。ただ、すでにサハリンに生活の基盤があった梁さんは、一時帰国をしただけで、再びサハリンに住むことになったとのことだ。

この土地に住む当時の人たちの生活に思いをはせると、なかなか複雑な気持ちになる。この土地は、間違いなく、ヨーロッパ列強による脅威に怯えた当時の日本が、ロシアの南下に備えて、人々を入植させた場所なのだ（これは、北海道も同じである）。同様に、ロシア人もまたこの土地に人々を入植させている。自然発生的に、人々がこの土地に集まったというよりは、国策によって人々は移動を余儀なくされ定住させられようとしたのだ。そして、先住のヴィルタやアイヌやギリヤークたちは、新たにやってきた入植者たちに土地を奪われ、同化政策の嵐にさらされることになる。彼らは、生活を丸ごと失わされ、土地に根差した文化も奪われる一方で、別の人々がそこで新しい営みを始めることになる。この土地は、そんな人々の移動に次ぐ移動や旅の積み重なりを、垣間見せてくれる。

そして、子供のころの梁さんは、移動・旅をいくつも経験している。朝鮮半島から大阪に。大阪から「樺太」に。「樺太」では日本人として教育を受けていたが、小学四年生の時から、自分が住んでいる場所がロシア領に変わり、ロシア人になってしまった。なんという旅だ。この移動は、一度故郷を出発してからは、二度と元には戻ることができない旅であり、その間に自分という存在は、自分の意志ではなく外部からの力によって、二度も急激な変化にさらされている。梁さんの経験した旅は、私が全く知らない旅である。

ディアスポラ（民族離散）の旅とは

一回目の「サハリン」での旅が終わりに近づいてきた。初めての土地で慣れないながらも、梁さんとも知り合うことで、一人では廻ることなどできなかった場所に行くこともできた。一方、私は梁さんとはもう会うことがないとも思っていた。サハリンに来るのはお金がかかるし、本来の目的であったサハリン郷土博物館の調査に関しては、面談をお願いしていた学芸員からは返事ももらえなかったため、これ以上ねばることができない。それでもなぜか、この島に何か忘れ物をしてしまったかのような気持ちにもなっていた。

空港に向けて出発する早朝、突然、部屋の電話が鳴り響いた。先日話を聞いたジャーナリストたちから耳寄りな情報でも来たのかな、などと考えて受話器を取ると、なんと梁さんからだった。「はやく、降りてきなさい！」と言う。元気がよくて、声が大きいため、私はいつも叱られているような気分になってしまう。

足早にロビーに降りていくと、筋肉隆々の梁さんがいた。日本への手土産を持ってきてくれた。それは、ロシア語の新聞紙にくるんだ、鮭がいぶされて乾燥されたものであった。「ロシア人は、これをちぎって食べ、ビールを飲みます」と言って、私たちに渡した。これと同じものは、アイヌの友人の家にもあったことを思い出した。チセと呼ばれるアイヌの住居の囲炉裏の上で、二か月くらい、燻《いぶ》される乾しサケだ。たしか、サッチェプとか言ったと思う（アイヌ語で「乾いた魚」という意味）。塩が効いていて、それをチビチビ食べながら、ビールをあおったら確かにうまいだろう。

その時、梁さんから用事を一つ頼まれた気がするが、今となってはその用事が思い出せない。思い出せるのは、「また、遊びにきなさい。今度は、私たち韓国人会が招待状を出すから」というあいさつだけだ。社交辞令なのかなとも思ったが、それだけでわざわざ早朝にホテルまで土産を持ってきてくれるのだろうか。何か、真剣にお誘いを受けているような気がした。

その後、日本に戻り、サハリンの記憶は慌ただしい毎日に埋もれていった。出発前に、チャドクガにやられたところは、サハリンのカラリとした空気のお蔭なのかは分からないが、すっかり治ってしまった。

どれくらい時間が経ったのだろうか、しばらくの月日が経った頃、梁さんから手紙がきた。「もし、サハリンにまた来るなら招待状を出すから、是非いらっしゃい」という趣旨のものであった。そうか、あの時、梁さんは本気だったんだ。心残りであったサハリンへの旅のチャンスが再び転がり込んできたことで、「もう一度行ってみるか、そして今度はもう少し長めの旅にしてみるか」とも考えて招待状を頂くことにした。招待状がなかったら、長期滞在のビザが下りないらしい。

後で分かったことであるが、サハリンで偶然に知り合った梁さんは、日本による植民地支配を受けていた朝鮮半島出身の二重徴用炭鉱夫の息子、つまり遺族であった。最初は、あの筋肉隆々の健康な身体を見るにつけ、そのような悲劇的な歴史物語を全く想像することはできなかった。実際、彼の声は特別に大きく、よく通り、豪快に笑い、鬼のような形相で、わたしたちをしかりつける（ように聞こえる）。そんな彼の身体からは、父親との永遠の別離などという悲しいお話がつまっているような気がしてこないのだ。

さて、二重徴用とは、日本統治時代、朝鮮半島出身者がまずサハリンの炭鉱に駆り出されるのであるが、その仕事に対する支払いもないまま、次は本州の他の炭鉱に配置され、再度徴用されたことを指す。[注8] なぜ、サハリンから他の地へと再び徴用されたのかと言えば、サハリンの炭鉱から掘り出された石炭は、船舶不足のため輸出・移出することができなくなり炭鉱は閉山され、彼らは「内地」に送り返されたのだ（大沼一九九二年、一〇頁)。サハリンの炭鉱は、当時「名好《なよし》」と呼ばれた街にあったようで、梁さんが日本語で教育を受けた街でもある。

梁さんのご尊父は、幼い梁さんを連れてサハリンの名好に石炭を掘りに来た。その後、上記のように炭鉱が閉山され、本州のどこぞの炭鉱に再び徴用されたとのことである。梁さんによると、「お父さんは新潟に行った」とのことであるが、本当のところはよく分からないのだそうだ。誰に聞いても、はっきりとした回答をもらえなかったとのことだ。

梁さんのご尊父の話は、もの悲しい。この話は、彼がいつも涙ぐむところである。サハリンで暮らしていたのに、父親が内地へ行って、そのまま帰ってこなくなった。「(戦後も)探したんだけど会えなかった。とっても悔しい」と言う。サハリンに住んでいた多くの朝鮮半島出身者は、同じような境遇にあっている。この人たちは、内地で再徴用された後、サハリンに戻ってくることがなかったため、二度目に徴用された土地で亡くなっていることが多いらしい。サハリンを出発した後戻ることなく、家族に会うことも叶わなかったのだ。梁さんのご尊父も、多分同じ境遇に遭ったと想像できる。

一方、梁さんの日本統治時代のサハリンの生活は、こちらが悲劇的なものにしようとする思い込みが、

注8　樺太に送られた朝鮮半島出身の労務者の人数は、諸説あるが、二万人以上とのことである。著作によっては六万人というものもあるが、大沼によれば「資料上確認することは困難である」。労務者たちの家族や、その後の自然増も含めた樺太の人口は、終戦時においては四万三〇〇〇人とのことである。これは、戦後のソ連占領下で組織された在サハリン朝鮮人遺留民会の調査結果であり、それを受けての日本政府の発表した人数でもある(大沼 一九九二年、一〇頁)。また、朝鮮総督府の資料を参考に割り出した徴用の具体的人数やその方法なども、多少のばらつきはあるものの、ほぼ同じである。朴(一九九〇年)、新井(一九九八年)を参照のこと。

いかに一方的なものかを教えてくれる。「知っているかなー？　あのころは活動がはやり始めたころで、よく連れていってもらったなあ」「活動を見に行くと、必ずアメを買ってもらって、甘くておいしかったなあ」、「『姿三四郎』って知っているか？」などと私に聞いてくる。ちなみに、「活動」とは今でいう、映画のことである。まだトーキーの時代で、講談師が映像に話をつけていくものだ。

また梁さんは、当時の人気歌手・藤山一郎が好きらしく、よく口ずさんでいる。そのメロディがなかなか調子が良くて、耳から離れなくなってしまった。「お茶を飲んでも、〇〇をしても、チャン、チャン（〇〇の部分がよく思い出せない）」という感じである。運転中も、藤山一郎のカセットテープばかりが流れる。まさか、ロシアにまできて、藤山一郎を聞くことになるとは予想もしていなかった。私にとっての藤山一郎は、ＮＨＫ紅白歌合戦の最後に、「青い山脈」を歌うおじいさんでしかなかったが、梁さんにとっての藤山一郎は、もっと若々しかっただろうし、当時の歌謡界を担っていたスターだったに違いない。

先にも記したように、彼が日本に帰還するバスから降ろされたことを考えれば、「日本人憎し」の気持ちがあるのではと思ったので、率直に聞いてみた。そしたら、「憎んでなんてナイヨ！　みんな友達だったんだから。あのころの友達に会いたいよ」とのことである。幼いころも梁さんは、きっといいヤツだったんだな、と感じた。

彼は北海道に来た折、実際、ラジオ局に出演したことがあるそうだ。放送を通じて当時の同級生に呼びかけたことがあるらしい。「自分は、サハリンに置いてきぼりにされた人間で、覚えている方は局に連絡ください」と言った。ローカル局である上に、その時たまたまラジオを聞いているという偶然に大きく左右されることを考えれば、彼の呼びかけに応えてくれる人は多分いないだろうと思った。とにかく、梁さんは、あの頃の日本人同級生に会いたくて仕方がなかったらしい。結果は、誰も応えてくれなかったとのことである。彼が「（誰も連絡をしてくれなくて）とても寂しい」と言った表情を忘れることができない。

一方、梁さんは日本統治時代を懐かしんでいるように見えても、やはり家族が離散することを余儀なくされた構造の中にいた。このことは知ろうとしなくても、彼の傍にいれば嫌でも分かってしまう。旅行中、私たちが宿泊した家を掃除してくれた林《イム》さん（仮名）も、私たちのビザ発行の手続きをしてくれた朴《パク》さん（仮名）も、みな二重徴用の家人を持った遺族、つまり徴用された父親や兄などと二度と会うことができなかった人々である。みな、その昔日本名を持ち、父や兄が日本によって再徴用され、梁さんのように一九四五年八月にバスに乗れず、帰国することができなかったのである。この人々が家族と離れ離れになってしまったことの原因は、間違いなく、日本による朝鮮半島の植民地支配にある。

「民族離散（ディアスポラ）」ということばがあるが、なかなか実感を持って響かないことがある。このことばが、民族という大きな単位で起こるものを連想させるため、抽象的に響いてしまい、当事者でなければ、それがどのようなものなのか、なかなか分かってこない。しかし、民族のような大きな集団であっても、小さな単位である家族や夫婦、兄弟、友人など身近なところからバラバラになってしまい、二度と会うことができない状況が作られる。つまり、渦中にいる人々にとっては、極めてパーソナルな別れのストーリーであり、その積み重ねが、「民族離散」という大きな構造につながっていく。

「民族離散」ということばには、個々の別れのストーリーを「私たち」に見えなくさせる何かがある。ここでの「私たち」とは、移動はするのだが、（自分たちが）必ず戻ってくることができる、という前提の中で、移動ができる人々のことである。そのため、民族離散ということばが、なかなか現実感を持ってこない。このことばに現実感を持たせることができるようにするには、どうしたらよいのだろうか。また、どのように思考すれば、現実感を伴わせることができるのだろうか。

北海道になりそこねたサハリン

ユジノサハリンスクを歩いていると、どこか投げやりに作られた街であるかの印象を受けることがある。そこに住む人々が、その土地に愛情を持ち、丁寧に暮らしていれば、必ず街への愛情をどこかで確認することができたりするものだが、ここでは、それを感じるのは少々難しい。

街の区画が、札幌や旭川を始めとする北海道の街並みのようでありながら、ソ連時代特有のしゃれっ気のない建造物が通りを埋め尽くすが、日本統治時代の建造物もちらほらとまだらのように残っている。住宅地に目を移せば、舗装もされていない通りも多く残っているし、日本統治時代の住宅にはほとんど修復が加えられることもなく、朽ちたような家屋（写真2）にロシア人が暮らし、生垣にも全く手が加えられておらず、どこか投げやりな印象を持ってしまうのである。

サハリンが亜寒帯気候地帯にあることを考えれば、なかなか居住に適さないということもあるだろう。しかし、似たような気候のシベリアの都・ハバロフスクの街と比較すれば、なぜこの街には、取り残されてしまった感が漂ってしまうのだろうか。

「近代は自分たち（民族）の力で成し遂げなくてはならない」という表現を使っていた在日コリアンの友人がいる。この表現を聞いた時、なるほどと思ったことがある。

自分たちの国を近代国家にするという意気込みを持った人々が、その過程で多くの犠牲を出したとしても、自分たちで成し遂げたという自意識が定着する必要があるのだ。この意味で、日本という国民国家は、多くの人が強い愛着を寄せることができるような共同体なのかもしれない。それは、NHK大河ドラマなどで、幕末から明治へと移行する過程が、手を変え品を変え、何度もストーリー化され、しかも深く受容されてきたことが証明している。

その一方で、サハリンには「投げやり感」が伴う。ロシア人にとっては、この地は流刑地であったし、日本人にとっては?はて、どのようなものだったのだろうか、と考え込んでしまう。

写真２　今はロシア人が暮らす家屋

日露戦争以後、サハリンは植民地であり殖民地であった。通常、「植民地」と呼ぶ際は、搾取や投資を行い、一方「殖民地」と呼ぶときには移住が中心であるとのことである。地理学者である三木理史は、街を作り出した制度に着目し、この地が（植民地というよりは）殖民地であったことを記している。すでに述べたが、この街の景観は、まるで札幌であるかのような錯覚を起こさせる。実際、都市計画自体も、三木によれば、札幌や旭川、北見とほぼ同じものであるとのことである（三木 二〇〇六年、五一頁）。北海道と同じく「樺太」も内国植民地であったということであろう。

北海道の場合は、明治初期に屯田兵と呼ばれた人々を入植させるが、「樺太」にも日本人を大量に入植させた。しかし、「北海道」と呼ばれる土地でさえ、入植者が気候に順応するのは困難であり、ましてやさらに北上したところに位置する「樺太」など、多数の日本人入植者を期待することなどできなかったことは想像に難くない。また、北海道への移住を募る時期とも重なっていたために、「樺太」を目指す人々はなかなか集まらなかったとのことである。また、ユジノサハリンスクが当時「豊原」と名付けられたことに、逆説的に、この地が日本人たちにとって不毛の地として認識されていたことを感じ取ってしまう。日本語の「豊」という漢字には、米の豊作を祈念する意味が込められているし、実際、「豊原」という命名は、古事記の記述の「豊葦原の瑞穂の国」にちなむということである。

当時の樺太庁は、日本人入植者の不足を補うために、朝鮮人たちの移住に期待した。実際、日本統治時代の朝鮮人人口は、日韓併合以後十数万人にも上ったとのことである。ちなみに、私がサハリンを訪れている時に、「在サハリン韓国人会」は、日本軍からの解放を祝う式典を行っていたのだが、そこで会長が言及した、二重徴用で行方知れずになった朝鮮人の数は一一万名にも上るということであった。農業に活路を見出すことができなかったために、彼らに石炭などの鉱業を担わせようとしたことがうかがえる。先にも言及した三木によれば、このような朝鮮人の増加は、樺太庁にとって「民族問題」となるほどであった（三木 二〇〇八年、三九頁）。これが「北海道」と異なる点であろう。

一方、朝鮮人たちは、日本の敗戦とともに本国に帰還することを許されることなく、この地に残ることになる。日本人は「内地」に戻り、帰りたくても帰れなかった朝鮮人たちがこの地に残ったのである。そして、ロシア人たちがこの地にやってくるのだが、ソ連にとっては極東の地サハリンに経済的な投資を行うほどの強い意志はなく、日本統治時代のインフラをできるだけ利用しつつソ連という国の街を作ることになる。この意味で、日本統治時代のインフラは経済的なメリットだけで残され、街の景観に貢献するような扱いを受けることはなかった。これは、満州に国威発揚のために日本人によって建設された数々の実験的で意欲的な建築群が、現在も重要な景観として中国共産党によって政治的に利用されていることと比較するならば、サハリンには全く違う次元の景観が誕生することになるのは当然であろう。

ある時、梁さんが「ぼそっ」とつぶやいたことばを忘れることができない。「サハリンは、北海道になりそこなった場所なんです」。つまり、サハリンは、近代化を日本によって促されたのであるが、それが中途で終わってしまった。そして、それはソ連によって引き継がれ、経済的な理由だけで残された街は、「辺境」としてロシア人によって見捨てられたような位置付けを獲得し、そこで日本によって見捨てられた朝鮮人たちが故郷を思い続けることになった。それに加え、ここに元々いたアイヌらは日本に戦後移住させられた。[注9] これらを踏まえれば、いったい誰がこの土地の街づくりに愛着を持っていくことが可能なのだろうか。

韓国であれば、日本統治時代の象徴であった総督府を壊し、自分たちで街の景観を作り出そうとする政治的意思がある。これが、近代を自分たちの力で（再び）成し遂げようとする意志である。しかし、サ

注9　注2を参照のこと。

ハリンには、そのような意思を感じることができないのである。現在のサハリンは天然ガスを豊富に産出するため、エネルギー供給地として脚光を浴び、石油会社の社員などが来ることで潤うことがあるだろうが、（今もなお）場当たり的であることは否めない。近代が生まれようとして完成されることもなく、その記憶さえ継承されそうでできない、死産されそうな殖民（植民）都市サハリン。そんな説明が似合う土地なのだ。それ故に、近代遺産を訪問するようなツーリズムもあまり期待できない。懐かしさだけで訪れる人々もいるかもしれないが、それ以上でもそれ以下でもない。サハリン・樺太が目撃してきた近代の記憶は、どこかに埋もれて消え入ってしまいそうなのだ。

初めての野宿

梁さんは、サハリンという土地のことをとてもよく知っている。どこにおいしいきのこが生えてくるとか、どのスポットに行けばイワナがとれるとか、どこで買う蟹がうまいだとか、どの海のどのあたりでカレイがとれるとか、クマはどのあたりに行けばとれるのか（熊の内臓から薬がとれる）など、生きていくために必要な土地の知識なら知らないことなどないかのようだ。サハリンをドライブしていると、彼にとって重要なスポットの前を通る度に指差して場所を教えてくれる。例えば、「この林の先を行くと、おいしいきのこがたくさん採れます」などと案内してくれるのだ。もちろん、この土地に根差していない私たちには、地図の上で場所を確認しようとしても簡単には見つけることなどできないし、たいした意味を持たない。長年、サハリンで生き抜いてきたからこそ身につけた知識なのだろう。移動に次ぐ移動を重ねた彼の人生は、生き抜いていくための知恵と行動を、彼に要求してきたに違いない。

　そんな彼の土地に対する知識にあやかり、二度ほど釣りに連れて行ってもらった。まずは川釣りである。「釣りにいくよ」というので、気軽についていったのだが、その気軽さを、交通網が整った日本やアメリカに暮らしてきた私は、すぐに後悔することになる。というのも、サハリンは資源開発こそ進展したとはいえ、まだまだ舗装されていない道路がたくさん残っているためだ。山間部ともなれば、道なのか水たまりなのか判別がつかない程の小道もあったりする。水たまりの大きさも想像を絶するようなクレーター並みの大きさだったりする。そんな道を4WDでぶっとばしていく。揺れがものすごく、身体ごと揺さぶられるので、遠くの方を見ていないと車酔いをしてしまう。私にとっては、苦しい釣り旅行となった。

　途中で、蟹を売っているおばさんがたくさんいる場所にきた。私は車酔いをしていて気分が悪かった上に、蟹が好きではないため、梁さんが蟹を買っている間、外に出ないで車の中で待っていた。蟹がたくさん入っているバケツを、梁さんは買った。「誰かへのお土産なのかな」などとその時は思った。蟹のバケツ買いというのもすごいし、道路わきにおばさんたちが多数、この蟹を売っているのもすごい。「ロシア人、昔は蟹なんか気持ち悪いと言って見向きもしなかったのに、今は朝鮮人相手に儲けようとしている！」と、梁さんはちょっと怒り気味。

　早朝六時にユジノサハリンスクを出発し、目的地と思われる渓流の河原に到着したのは、なんと夕方六時くらいであった。「着きましたよー」と梁さんが言うので、車外に出た。景色をよく見ても、どこまでも続く森、森、森、川、川、川!!「あれ、ホテルはどこですか」と思わず聞いてしまった。そしたら、梁さんが、「よく目を開いて見てください！　どこにホテルがあるの!!」とのたまう。「じゃあ、どこで寝るんですか?」と聞いたら、「え、どこ? 何を寝ぼけたことを言っているの? ホテルなんかないでしょ? ここで(河原を指差して)寝るに決まっているじゃないの!」と怒られてしまった。「えー!!」私は絶句。てっきり、周辺のホテル、いや悪くてもバンガローみたいなところに泊まると思っていたんだけどな。それに、一日中車に揺られて気分が悪く、とても野宿する気持ちにはなれなかった。ロシア特有のサウナ、ダーチェにでも入ることができるのかと思っていたくらいだ。車酔いで気分が悪くなっても、「ダーチェは、旅の疲れを癒すにはいいぞー」と、途中こんな独り言を言って自分を励ましていたくらいだ。

ずいぶんとお腹がすいたので(昼抜きだった)、「ごはんはどうするんですか?」と聞いてみた。「あんた、なんのために魚釣りにきたの? ごはんは、川を泳いでいるに決まっているでしょ!」と、またまた怒られてしまった。「えー、こんな遅い時間から釣るの⁉」なかなかシュールな釣り旅行だ。今晩はホテルかバンガローで休んで、明日釣りを楽しむのかと思っていた。過酷だ。DIY(自分のことは自分で)の釣り旅行だ。

ということで、まずはマスを釣るとのこと。梁さんが、ごそごそと飯ごうを出してきて、火をつけてごはんを炊く。川の水を鍋に入れて沸騰させる。で、マスを釣るために、川の中ほどへと釣糸を投げ入れる。ルアーだ。「エサはいらないのですか」という質問が愚問であることがすぐに分かる。びび、びびっと、すぐにマスがかかってくる。これは、「カラフトマス」と日本では呼ばれている種類の魚だ。おでこの部分にこぶのようなものがある。産卵期になると、こぶが大きくなるとのことだ。この魚がこの時期にこのあたりにうじゃうじゃいる理由を知らなければ、この入れ食い状態は説明できない。彼は、今が産卵期で川に戻ってきていることをよく知っているのだ。だから、ルアーだけでも、投げ入れたその瞬間からどんどん釣れる。

何匹かが釣れると、梁さんがすぐにさばいてブツ切りにして鍋の中に入れる。ついでに昼間買った蟹も豪快に丸ごと中に入れる。すっげー、こんな豪快な料理、みたことがない。ごはんが炊き上がり、蟹とカラフトマスのスープの出来上がり。多分、魚好きにはたまらない料理なんだろう。

しかし、残念なことに私は蟹が特に苦手だ。野宿で蟹アレルギーなど発症したくない。だから、梁さんに蟹が苦手だということを伝えると、「えー、蟹を食べれないの⁉ マスを焼きましょう」と言って、マスを焼こうとした。しかし、このマスは相当脂身が多いらしく、あぶると、「びちっぱちっ‼」と油が燃える音がする。それでも生では食べたくなかったので、半分黒焦げになった身を口に運ぶ。すっごく油っぽい。味は、サケのカマのようである。口の中が、川魚の香りでいっぱいになる。諦めてカニのスープに目が向くが、やはりアレルギーのことが気になって食べることができない。あまり食欲はなかったが、明日も一日中車に乗ることになるのかもしれないと恐れ、今夜はひとまず身体を休ませることにした。といっても、車中であるが。梁さんが持ってきた寝袋にくるまると、ストンと眠りに落ちた。

車酔いで疲労したせいか、私はひと眠りした。疲れた。死んだように眠りたかった。しかし、「が、が、が、がっ」という大きな金属音で目が覚めた。外がなんだか騒がしい。大きな倉庫を搭載したトラックが、私たちが寝ている近くの河原で何かの作業をしている。その音があまりに大きくて目が覚めた。非常に大きなタイヤのトラックである。普通の車だったら、こんな山道を大きな倉庫を搭載して走れないから、こんなにタイヤが大きいのだ。しかも、照明がまぶしい。深くて真っ暗なサハリンの森の中に、電気を煌々とつけた、日本では決してお目にかかれないような大きさの照明が川面を照らしている。真っ暗な河原に

ＵＦＯでも降り立ったかのごとくである。

しばらくぼーっと眺めていたが、トラックのドアが空き、中から人が二人降り、こちらに向かって歩いてくる。ＵＦＯから宇宙人が下りてきたかのようだ。梁さんに、「あの人たちは誰ですか」と聞いたら、梁さんは「しっ、黙って。何もしゃべるんじゃないよ。あれは、マフィアだ」と小声で言った。びっくりだ、こんな山の中でマフィアに遭遇するなんて！　そもそも、マフィアがこんなところで何をしているんだ？　大口の麻薬の取引でもあるのか？　そして、なぜ、私たちの車の方にやってくるのだろう？　こちらに来るのは、二人とも三〇代くらいの男であり、どうやら片方は猟銃も持っている。私の心臓はばくばく鳴りだした。まだ眠かったせいもあり、どうも現実感を持つことができない。やつらは、いったい何をしているんだ⁉

マフィアと「友達」になる？

二人のマフィアは、私たちの車の窓をノックした。心臓が口から飛び出すかと思ったくらいに、私は緊張した。冷静な梁さんは車から出て、彼らと話を始めた。ロシア語だったので、私には何を話しているのか分からない。が、梁さんは、大きく何度かうなずいていた。そして、私に車の外に出るように手招きをした。

とにかく、ビビったが外に出た。「梁さんがいるから大丈夫だ」と自分を勇気付けた。そして一人の男が私に話しかけた。とてもフレンドリーな笑顔なのだが、作り笑いにしか見えなかった。そして、威嚇でもするかのように姿勢がよい。梁さんが通訳した。「日本人は、友達だ」とのことであった。虚をつかれた。そのようなことを言われるなど期待していなかったし、その理由も分からなかった。頭の中が混乱した。そんなことお構いなしに、彼は小さいショットグラスを差し出し、そこに酒とおぼしきものをドバドバ注いだ。彼らのグラスにも注がれた。そして、「我々の友情の証に」と言って、彼らは飲み干した。私も飲み干さなくてはならない空気があったので、一気に飲み干した。ウオッカだ。胃が焼け付くようだ（そもそもショットグラスなど、いつも携帯しているのか⁉）。

そして、男がまた何かを言った。梁さんが通訳する。「ここで見たものを他の誰かに決して話してはならない。なぜなら、私たちは友達だからだ」。全く勝手な理屈だ。それでも、その一方的な理屈を聞くにつけ、この男たちが普通の人たちでないことも明らかになってきた。梁さんは、「分かった、分かった、絶対に言わない」と言ったし、私にもうなずくように、目で合図をした。そして、二人の男は納得したようで、自分たちのトラックに戻って行った。そして、再び大きな車輪を回して、ＵＦＯはどこかに行ってしまった。とにかく、ほっとした。

いったい、彼らは私たちに何を見なかったことにしてほしかったのだろうか。事情を全く呑み込めない私は、すぐに梁さんに聞いてみた。梁さんによると、彼らはカラフトマスのメスだけを狙って捕獲する連中なのだそうだ。この時期マスは卵を持って遡上してくるためである。ロシア語で魚の卵はすべて「イクラ」と呼ぶが、彼らは、イクラをメスのお腹からかき出し、日本の商社に売るのだそうだ（だから「日本人は友達」というわけだ）。私たちが眠っていた河原で彼らがやっていたのは、このあたりの支流のいくつかでイクラを腹からかきだし、マスの死骸をまとめて川に流していたとのことだ。確かに、カラフトマスの身はあまりおいしくなかったし、さらに卵を持って遡上してくるメスはやせ細っているだろうから、売り物にはならないだろう。

問題は、彼らが遺棄したカラフトマスの数である。相当の量なのだ。巨大なタイヤを備えたトラックに搭載されている倉庫の大きさをみれば、いったいどれだけのイクラをかきだし、どれだけのマスを捨てたのか——そんなことを考えると頭がくらくらしてくる。イクラをかきだされたメスの死骸は、川に遺棄され、川を下っていったに違いない。梁さんは言う。「あいつらは、大きな網を使って遡上してくるマスを一気に捕ります。マスが卵を産まなければ子供は残せないでしょう。ということは、マスの数がどんどん減っていくことになります」。梁さんは続けて「メスのマスが川からいなくなると、イクラを狙うイワナなんかも川からいなくなります。そうすると川には、魚がいなくなってしまうのです。こうして川が死んでいきます」。マフィアも、まさか河原で野宿している私たちに目撃されるなんて想像もしていなかっただろう。

しかし、よくよく考えてみれば、マフィアだけを責める訳にもいかない。イクラの需要は、日本からのものなのだ。近年、日本でのすしといえば回転ずしだ。回転ずしが人気なのは、その価格であろう。高級ネタでも、八〇〇円前後で食することができる。これは、全くありがたいことだ。週末でなくても回転ずし店は満員だ。私だって、ひいきの近所のすし屋がつぶれてしまってからは、すっかり回転ずしにお世話になっている。子供たちだって、昔とは違う。タマゴやいなりだけを食べてるのではなく、イクラやウニなんかを食べたがる。

それに加え、すしは世界的に人気が上がったために、ネタも希少価値を持つようになっている。クロマグロが絶滅危惧種の指定を受けたという記事を最近読んだ（「クロマグロ　絶滅危惧種に指定」二〇一四年、一頁）。すしネタの需要は世界規模で存在するだろうし、そこにビジネスチャンスを見出す商社がいることを想像するのは難しいことではない。

最近通うようになった近所の回転ずし店であるが、そこに行った時のことである。息子が廻っているネタではなく、他のものを板前さんにお願いして注文をしたいというので、板前さんに声をかけた。振り向いた彼は、なんとつぶれた近所のすし屋の板前さんだった。目があって、ちょっと気まずかった。でも、軽く会釈した。彼もちょっとだけ頭を下げた。

昔ながらの近所のすし屋がつぶれ、その板前が回転ずしの板前になる――時代の趨勢とはいえ、なかなかシュールである。しかし、一回一人あたり二千円前後ですしを食い、クーポンやサービススタンプなんかを貯め込むことに慣れてしまった私たちは、近所のすし屋を廃業に追い込み、安いイクラを求める消費者であることから逃れることはできない。その消費者は、サハリンのマフィアたちに大量のイクラをカラフトマスの腹からかきださせ、死骸を川に捨てさせているのだ。そして、昔ながらのすし屋は一部の高級店を除いてどんどんつぶれ、回転すし屋が街に乱立する。自分たちの食生活が、サハリンの山中で見た風景とつながった瞬間である。これがグローバル化なのだろう。回転ずしで安いすしを食べることをありがたがるべきなのか、それとも嘆くべきなのか、自分の存在があまりにもちっぽけ過ぎることに気が付いた。

私は、マフィアなんかに会いたくなかった。が、彼らに出会った後、自分が立っている地平について何度も何度も考えるようになった。私は、彼らと「友達」なのか、それとも違うのか。どんなに否定したくても、やはり「友達」であることに変わりがないような気がして、胸くそが悪くなった。

このような「他者」との出会いは、必ず自分自身の姿を何らかのかたちで（自分に）見せつけてくる。私はマフィアの「友達」なのだ。「私たち」がいるから、彼らが存在するのだ。そんなことを悶々と考えながら、川の流れる音を聞きながら再び眠りに落ちた。外は八月下旬とはいえ、随分と寒い。霧も濃い。森や川のにおいは、どんなに胸くそが悪い時でも、息を吸い込めば身体の内から癒してくれる。本当に寛大だ。しかし、森や川はいつまで、「私たち」に寛大でいてくれるのだろうか。

イワナ、万歳！

マフィアと出会った翌朝、眠い目をこすりつつ、梁さんの秘密の釣り場へと連れていってもらう。そこで、イワナ釣りをすることになった。当然のことながら、朝食は自分で釣らなくては存在しない。ようやく、この釣り旅行のルールに慣れてきた。

さて、みなさんは、イワナなる魚の釣り方をご存じだろうか。私は、山で育っていないので全く知らなかった。まず、カラフトマスのメスを釣る。といっても、カラフトマスは遡上してくる季節の真っただ中なので、流れの急な部分では、ぴょんぴょん飛び跳ねているのが何匹も観察できるくらい、うじゃうじゃいる。そこに分け入って、網を一振りすれば何匹か簡単に捕れる。まず一匹捕まえ、腹を割きイクラを取り出す。そのイクラ一つまみをストッキングにくるんでエサの出来上がり。こぶしの四分の一くらいの大きさにしてそれを釣竿に結びつけて川に投げ込む。これだけだ。

この仕掛けは、イワナがイクラを狙う習性を利用するものだ。カラフトマスは、自分が生まれた川を遡上して、その後で産卵する。イワナは、産み付けられたイクラを狙っているのである。カラフトマスのオスは、メスを追いかけてくる。何のために追いかけてくるのかといえば、産卵されたイクラに精子をかけるためである。カラフトマスの遡上は、愛の物語なのかストーカーなのか分からないが、大量のカラフトマスが集まる円舞にみえなくもない。それ程、ぴょんぴょん跳ねているのだ。活きもよく、きりもみ回転をつけて飛び跳ねるものもいる。私が、プロの写真家だったら絶対にこの写真を撮りたいと思ったが、あいにくその瞬間をカメラに収める腕もカメラも私にはない。昨夜のマフィアたちは、こいつらを大きな網で、根こそぎ川ごとさらったのだ。

メスは産卵するために、命をかけて遡上してくる。オスは追いかけるだけだが、メスは痩せ衰えていく。一方、栄養満点のイクラを食べるイワナは、元気モリモリになるため、身体も大きくなり非常においしくなる。そして、そのイワナをクマが食べたり、人間が食べる。自然界とは、なんというバランスによって維持されているのだろうか。

さて、私たちの渓流での投げ釣りは、迅速に行わなくてはならない。なぜかといえば、オスが精子をかけてしまった後のイクラには、イワナは見向きもしないそうである。つまり、イワナは無精卵を狙っており、カラフトマスのオスのいるところには当然イワナはいない。メスだけがいそうなところをめがけて竿を投げなくてはならない。メスは、卵が川に流されないように、流れが急なところには産卵しないが、イワナの襲来を避けるために、どんどん上流へと昇っていく。一か所にとどまっていては、魚の動きに置いてきぼりにされてしまう。

ということで、自分たちも渓流を登りながら竿を投げ入れなくてはならない。渓流を歩いたことがある人なら分かると思うが、非常に疲れる。流れが速い上に、ごつごつとした石や岩の上を歩かなくてはならない。腰まである長靴を履いたまま渓流を登りつつ、竿を投げ入れたいのだが、これは熟練の技である。生まれて初めて釣りをした私などができるような芸当ではない。気が付くと、私のずーっと先に梁さんは登っていってしまっている。「遅い！　そんなんじゃ、捕まえられないでしょ！」と叱咤される。

ふと、梁さんの表情が真剣になる。そう、イワナがかかったのだ。引きがあると一気に釣り上げ、河原に落とす。この一連の動きが本当に見事なのだ。引き上げたイワナを手で直接取るのではなく、河原に投げ落とすのである。この人は、これまでの人生で、どれだけイワナの渓流釣りをしてきたのだろうか。動きに全く無駄がない。

梁さんは、イワナを河原に投げ落とすと私を呼びつけ、「それをすぐに捕まえなさい！　コンテナに入れなさい！」と言う。しかし、しかしである。私は、それまで一度も生きた魚を手にしたことがないのだ。しかも、サハリンのイワナは、立派な荒巻鮭かと思うほど巨大だ。そいつが河原でぴちぴち跳ねている。そんなイワナを手に取ってつかむなど、おっかなくてできそうもない。そう、私は生き物がきらいなのだ。だから、ペットだって飼ったこともない。遠巻きに、ぴちぴち河原で跳ねているイワナを眺めていると、さすがに梁さんも頭にきたようだ。烈火のごとく怒って言った。「何をやってるの？　魚が傷むでしょ!!　すぐにコンテナに入れなさいっ!!」

鬼の形相の梁さんを見るにつけ、私はもう観念した。ヌルヌルしたイワナを捕まえる覚悟を決めて、イワナをつかんだ。ものすごい動きだ。びくびくとうなるかのごとく、私から逃げようとする。しかもヌルヌルしているため、私は、そのイワナを河原に落としてしまった。そして、そのまま川にどぶんと逃がしてしまった。それを見ていた梁さんは、再び烈火のごとく怒った。「しっかり持たなくちゃ、ダメでしょっ!!」

怒っていても、彼はまたイワナを釣り上げ、河原に落とした。「ほら、今度はしっかりつかみなさい！」もう、カミナリ親父にドヤされるのはいやだ。今度は、両手でがっちりと捕まえることにする。ガツっ！とつかんだ。それはもう〝ハトヤのCM〟状態だ（このCMを知らない人は、YouTubeで検索してください）。それにしても、サハリンのイワナは本当に元気がいい。栄養満点のイクラをたらふく食っているから、びちびちっ、ぶぶぶぶっと、ものすごいのだ。私はまた河原にイワナを落とした。梁さんは目をひんむいて「ダメじゃないのっ!!」「しっかり持ちなさいっ!!」今度は、川に逃げられなかったので、もう一度「ハトヤのCM」をやって、コンテナにイワナを入れることができた。「ふー、これで怒られない」と思ったのもつかの間、彼はまた釣り上げた。私は、また「ハトヤのCM」をやってコンテナに入れた。こんな具合に、コンビを組み、合計二〇匹くらい釣った。

ようやくごはんの準備だ。火を起こしてイワナを焼いた。魚は好きではないが、昨夜のカラフトマスとは違う次元のうまさだった。肉厚でジューシーで、滋味深い味がした。海が育て、遡上してきたカラフトマスのイクラをくらったイワナの味は、地球の味がするのだろう。サハリンの空気と景色に見事に溶け込む味だ。サハリンのイワナは、日本でみるイワナの五、六倍の大きさである。とても一人一匹食べることなどできない。味も濃いので、少量で満足だ。

梁さんは、これをクーラーボックスの中に入れ、ユジノサハリンスクに戻ってから冷凍にした。かちんかちんに凍らせるためだ。これは、私たちへのお土産として、帰りに渡された。新聞紙でぐるぐる巻きにされた凍ったイワナを何本ももらった。梁さんは、その食べ方まで教えてくれた。帰国してから、連れ合いが梁さんの指示通りに、イワナを開いて天日に干して水分を抜く。これを焼いて食べる。河原で食べたものよりも、味が凝縮してうまみがさらに増した。私の家族だけではとても食べることができる量ではなかったので、近所にも配った。「これ、イワナなんです」と渡しても、近所のおば様たちは信じてくれない。日本のイワナよりもはるかに大きいためである。でも、イワナに特有の模様があるので、イワナだと認識できる。図鑑でも確認した。イワナを自宅で食べ、しばらくサハリンでの渓流釣りの思い出にひたった。本当にうまい。イワナ、万歳。

アニワ湾でのカレイ釣り

渓流でのイワナ釣りの数日後、またまた梁さんが「釣りに行く。今度はカレイ釣りです」というので、サハリンの旅行紀は、ほぼ釣魚記のごとくになってきた。魚は苦手であったが、今度の釣りはアニワ湾まで行くという。これには大きな魅力を感じてしまった。というのも、アニワ湾というのは、日露戦争時に連合艦隊がサハリンに初上陸した場所なのだ。この湾にある港がトマリ（旧大泊）という名前であることを、どこかで聞いたことがあったので、かねがねここに行ってみたいと思っていたのだ。

カタカナで書くと分かりにくいが、漢字で「泊」と書けば、この地名が日本の統治時代の遺産であることがすぐに分かるだろう。なにせ、トマリはアイヌ語なのだ。北日本には、トマリという名前がついた漁港が多い。北海道のトマリもあるし、青森県のトマリもある。現在、この二つの地は、それぞれ原子力発電所と核燃料再処理施設がある。

さて、カレイ釣りである。釣りをする場所は、ユジノサハリンスクから高速道路を車で飛ばして一時間程度のところにある。この日も、朝食など食べる間もなく、早朝六時に梁さんに起こされ、彼の車に乗りこんだ。この人はいつも朝食を食べさせてくれない。というより、釣りに行くということは、食料は現地調達することを意味しているのだ。私にも学習機能は付いている。高速道路を南下すると、内陸のユジノサハリンスクよりも空が明るくなってきた。海岸に近づくと、人はなぜか開放的な気持ちにもなるものだ。

高速道路をしばらく走り、海岸沿いのローカルな道路に入ると、急にコンブの香りでいっぱいになる。たくさんのコンブを目の前に置かれ、思いっきり息を吸い込んだかのごとくの強烈なコンブ臭だ。なぜ、こんなにコンブのにおいが強いのだろうか。不思議に思い、海岸線に目を移せば、波打ち際に大量のコンブが打ち寄せてきており、幾重にも積み重なりコンブで埋まっていた。コンブ、コンブ、コンブである。大量の高級食材昆布を前に、テンションが上がってきた。

梁さんに、「このあたりの人はコンブはとらないのですか?」と聞いたら、「ロシア人はコンブには全く興味がないです。（彼らにとっては）邪魔なだけなんです」と答えてくれた。そして、このあたりには、アイヌの集落《コタン》があったことも教えてくれた。[注10] 確かに、ここにはアイヌ集落があったに違いないと確信するほど、コンブにあふれている（ちなみに、コンブはアイヌ語）。現在、公的にはサハリンにアイヌはいないこと

注10　十九世紀後半に、ニコライ・ブッセがサハリンを旅行した時の記録が残っている。そこには、アニワ湾トマリ（旧大泊）にアイヌの集落があったことが伝えられている（二〇〇三年、九九頁）。

になっている。日露の間で取り決めがあり、サハリンにいたアイヌは日本に移住させられたのである。[注11]現在、この地は、サハリン北部から運ばれてきた天然ガスを輸出するための工場があり、大きなコンビナートが立ち並ぶ。そして、その近隣には、いろんな国からやってきた石油会社の居住区もある。もちろん、日本人居住区もあった。サハリンは、エネルギー供給地となることで、今後の経済開発が期待されるところなのだ。

さて、今すぐにでも、私はコンブを取りに行きたかったのだが、今日の目的は、カレイ釣りである。コンブに後ろ髪を引かれながら、アニワ湾に向かった。目的地に着くと、ボートを出してくれる人の家をノック。梁さんはいつも同じ人に頼むらしく、慣れた調子で「やあ、元気かい」的な挨拶を交わした。その家のおじさんが、すぐにボートの準備をしてくれる。このあたりは、コンビナートなどが視界に入ることなく、昔ながらの漁村という感じだ。

ボートを海に出す。ブルン、ブルン、ブルルルルーンと、エンジンのひもを何度か引っ張りボートを始動させようとする。一回目は失敗。ル、ル、ル、るゥゥゥ……とエンジンが停止する音。気を取り直して、もう一回ひもを力いっぱい引っぱる。ブルン、ブルン、ブルルルルーンと、今度は快調な音。「さあ、みんな乗ってください」と言われ、ボートに乗り込む。

好調な滑り出しに思えたが、すぐに小雨が降ってきた。船酔いを恐れていた私は、「やった、これで今日は中止だ」と不謹慎にも思ったが、「このくらいなら大丈夫だ」と、運転するおじさんが言ったらしく、釣りは続行。ボートはぐんぐんと沖まで進んでいく。

私はすぐに船酔いにかかる。なにせ小雨が降ってくるような天気であるため、海はシケ気味である。

大きな波にボートがもまれ翻弄される。波に持ち上げられ、船首がバッシャーンと水面に落ちてぶつかる。時には、波の高さが自分の身長くらいの時もあり、揺れも相当のものだったように思う。私は梁さんに「もう帰りましょうー」と懇願するが、「何をバカなことを言ってるの、このくらい何ともないでしょっ!!」と一蹴されてしまう。高波のため大きな揺れが起こる。私はもうグロッキーだ。でも、梁さんは許してくれない。もう揺れにおもねるしか方法がない。観念して気持ち悪さを耐え抜くことにした。岸が遠くの方にかすかに見えるところまできて停泊。でもキモチワルイ。

あんまり気持ちが悪いので、その時釣り糸に何のエサをつけたのか、もう忘れてしまった。それでも、竿を投げ入れ海底に糸を垂らす。カレイは海底にいるため、釣り糸が海底に着地して糸がたわむまで入れる。どのくらい入れたのだろうか、五，六メートルくらい入れたのだと思う。これで、引きを待つだけだが、天気も悪いし揺れもひどい。我慢大会のような感じになってきた。それでも、糸を垂らしてから、十分か十五分くらいで手ごたえを感じた。ぐい、ぐい、ぐぐぐい、と確かな手ごたえだ。（私は素人なので釣竿を使ってカッコよく引き上げるなんてことはできない。直接糸を引っ張ることにして、ぐいぐいと引っ張った。相手も、こちらが引っ張れば抵抗する。私がひっぱる以上の力で、ぐい、ぐい、ぐぐぐいと逃げようとする。一人では無理だ。「できませーん」と梁さんにお願いすると、「何をバカなことを言ってるの、自分が食べる分は自分で取るんでしょっ!!」とまたまた叱咤。さすがに、梁さんの厳しさにも慣れてきた。「そっか、カレイを朝食で食べるんだ」ということを今更ながら思い出した。空腹の上に船酔い

注11　前の注2を参照のこと。

になっていたから、そんなことはもう忘れていたのだ。私の学習機能は船上では作動しない。

気が遠くなりそうな意識の中で、糸をぐいぐいと引っぱるとようやくカレイらしきものが水面に浮かんできた。それを梁さんが網ですくってくれた。ビチビチビチっと船の上で踊るカレイは、口から内臓が飛び出していた。水圧が高い海底から急に引き上げられたため、内臓がでてしまったのだ。それでも、カレイはカレイである。ビギナーズラックと言われようとも、自力で食事はゲット。サハリンにきてから、サバイバル・スキルが身についたのかもしれない。

一匹だけではみんなの食事を賄えないらしいので、もうしばらくそのポイントに居座った。その後、私は全く釣れなかった。梁さんが二匹釣った。合計三匹になったところで、あんまり私がぐったりしているのを見かねた梁さんが、岸に引き返すことにしてくれた。よかった、ようやく岸の上に行ける。もう船の上は嫌なんだよ、めまいがするし、気持ちが悪いし、朦朧とした意識の中で岸の上の方にある石碑が目に入った。ロシアのものというよりは、硯石のようなかたちは、どうも日本のものに見える。「あれは、いったい何だ?」と思い、梁さんに尋ねたら「後で、連れて行きます」と言った。なんだろう、あの石碑……

サハリンの韓国人たちとカラオケを歌う

釣ってきたカレイは、すぐに食べることができなかった。岸に着いたら、海から見えた丘の上の石碑まで行くことになったからだ。もう腹ペコだよ。「船酔いの時は、地面の上を歩くのが一番です」と梁さん。なるほど、体力があればですが。筋肉隆々の彼は、私の父と同じ年だ。元気なおじいさんというよりは、健康優良児だ。その手の大会に出場すれば、必ず優勝できる。

石碑のところまで、ようやくたどり着いた。なんと、これは日本海軍の上陸記念碑だった。「この石碑は、苫小牧の方を向いています」と梁さんが教えてくれた。アニワ湾の入り口の向こうに、北海道・苫小牧があるのだ。連合艦隊の一部はこのトマリに上陸したというわけだ。そんな軍事絵巻のような風景を、アニワ湾の前景をながめつつ想像してみた。今から約百年程前のことだ。

すでに、記念碑は一部倒壊しており、なにやらロシア語で落書きも見える。字は読めないが、その書きなぐったかのような文字や卑猥な落書きの数々は、この碑がどのようにこの社会で受け止められてきたのかを物語っている。当然だ、連合艦隊の上陸記念碑などは、ロシア人にとっては、アジアの小国に負けたという認識さえも持ちたくもない日露戦争の証人なのだ。それにしても、卑猥な落書きって、どうしてどこも同じなんだろう。ロシア語だろうが日本語だろうが、卑猥であることを通り過ぎて、滑稽すぎるほど同じなのだ。相手を貶める時に使用する表現として、どこでも通用するということなのか。

前にお話を伺ったサハリン在住のジャーナリストによれば、この上陸記念碑のあたりも（ユジノサハリンスクの郷土博物館と同じように）整備して、観光地にする計画があるそうだ。主に、日本からの観光客を当て込むということなのだが、この石碑だけを目的にして人々はここまでくるのだろうか。もしかしたら、カレイ釣りもセットにしたパッケージ・ツアーにでもなるのだろうか。その時、卑猥な落書きは、きれいさっぱり消されてしまうのだろうか。それとも、そのままにして、ロシア人の考える日露戦争の記憶の在り方をみせていくのだろうか。

アニワ湾から戻ったのは、午後三時くらいだったと思う。もう腹ペコを通り越していたが、調理しないことには食べ物にありつけないのだ。またまた梁さんが魚をさばいた。手持ち無沙汰な私はビールでも飲もうと思ったら、「食事（の準備）がまだでしょっ!!」と、また怒られてしまった。私は、自分の親父にでも怒られているかの錯覚をおこし、梁さんのことをすでに「アボジ（朝鮮語で「父さん」）」と呼び始めていた。

梁さんのカレイ料理は、韓国風。カレイをぶつ切りにして、ネギなどの野菜をいれて鍋に入れてぐつぐつと煮る。そして、コチュジャンをぶち込んで終わり。豪快な漁師料理である。ようやく食べることができる。時間はすでに、午後四時を回っていた。

小雨の中で釣りをしていたので、とにかく寒かった。そして、空腹であった。梁さんの料理は、そんな私たちの身体を心底温めてくれた。白身のカレイはさっぱりとしている。そんな淡白さが、コチュジャンの濃厚さで補われている。コラーゲン質の皮の部分も、プルプルとうまいし、コチュジャンの辛さが全体を引き締めている。コチュジャンは本当に偉大だ。

ロシア人がガイドをしてくれたら、きっとこの料理にお目にかかることはなかっただろう。一回目のサハリン旅行はロシア人の女性ガイドがついてくれたが、彼女だったら、上陸記念碑の落書きの猥雑さを見せてくれなかっただろうし、カレイのコチュジャンスープも用意してくれなかっただろう。ましてや、日露戦争の記憶や、アイヌのプレゼンスも教えてくれなかっただろう。旅は、誰がガイドをしてくれるかで、見えるものが全く違ってくる。

この日飲んだビールには、「バルチック」というラベルが貼ってあった。てっきり、バルチック艦隊のことかと思ったが、撃沈された艦隊の名前をビールのブランドにするのだろうかと疑問に思い、梁さんに聞いてみた。「それはロシア空軍の戦隊の名前です」。そりゃあ、そうだよな、輝かしい戦績を挙げた「バルチック」でなくては、いい気分でビールなんて飲めないよな、と思った。

カレイのコチュジャン鍋は、五臓六腑に染み渡り、ようやく私たちの遅すぎる朝食は終了した。「今日は疲れた、もう寝る」と思っていたのだが、これから韓国人会の梁さんの友人が来て、カラオケ・パーティをするそうだ。「エー、私は寝たい」。でも、梁さんはすでに友人を呼んであったようで、結局、カラオケにつき合うこととなった。というより、私たちが泊まっている場所そのものが韓国人会の所有物で、しかも私たちが寝ている部屋にカラオケの機械があるとのこと。つまり、私たちには選択肢が全くないということである。

かくして、カラオケ・パーティは始まった。梁さんの独壇場だ。藤山一郎のオンパレードだ。そして、なぜか舟木一夫や八代亜紀もある。「高校三ねんせーーーぃ」とか「肴は炙ったイカがぃーいぃー」と、なんとも気持ちがよさそうである。演歌、演歌、演歌のオンパレードである。どうして、そんなに日本の演歌を知っているのか聞いたら、「日本の友人から送ってもらっています。演歌は、子供のころ聞いた日本の歌を思い出させてくれるんです」とおっしゃった。そうか、彼のノスタルジーなんだ、演歌は。

そもそも、このカラオケ・マシン、日本の歌しか入っていない。サハリンの韓国人会は、時々ここでカラオケ・パーティをやるそうで、みんなで日本の演歌を歌うようだ。韓国人会といっても、そのほとんどが日本統治時代、日本語で生活していた世代だ。あの頃同級生で、日本に帰国してしまった人たちを思い出しているのだろう。だから、日本から来た私たちと日本語のカラオケ・パーティをやりたいのかもしれない。こうなったら、とことん梁さんにつき合うしかない。彼は、私たちと一緒に日本語で演歌を歌いたいのだ。

「私は、演歌はちょっと苦手だ」とか「カラオケなんて嫌いだ」なんて言っている場合ではないことに気がついた。とにかく、彼が唄う演歌を一生懸命に聞く。彼が「唄ってくれ」という昔の唄を歌う。児童唱歌「ふるさと」も、藤山一郎の「青い山脈」も、彼と一緒に歌いまくった。それしか、私にはできないのだ。サハリンの地で聞く演歌は、「日本人」に、再び聞かれることを求めている。そう思った。

普段はおっかない梁さんが、本当に楽しそうだった。ウオッカも死ぬほど飲んだ。私は、ロレツが回らない程になっていたが、梁さんはますます、声も大きくなり元気だ。私も、何かを何曲か唄った。酔っぱらってしまい、記憶がなくなって覚えていないのだ。

この夜は、どのようにお開きになったのか覚えていない。次の日、目覚めたら寝袋にくるまって寝ていた。頭が痛い。二日酔いだ。でもおなかが減った。そんな朝に、昨日の残りのカレイのコチュジャン・スープ。これが二日酔いに本当によく効いた。カレイのコラーゲンが煮凝りになっている。「うまい!」あっという間に元気になった。身体を動かし、自分で食料を調達して、歌って飲んで寝る。ひどい二日酔いでも、うまいものを食べればすぐに治る。こんな生活は、めったにできるものではない。とにかく、サハリンでの梁さんとの時間を楽しもうと思った。

サハリンへの旅が求めるもの

すでに序章でも述べたように、日露戦争以後盛んになったコロニアル・ツーリズムの目的は、帝国の威光を確認しに行く「日本人」のためのものであり、植民地エリート、つまり「親日派」のためのものでもあった。一方、現在において、過去の植民地を訪問することは、どのような意義があるのだろうか。

私が最初にサハリンに行き、梁さんに会った時は、その意義に気が付いていなかった。当時はミュージアムの記憶表出の違いだけを見ようとしていたので、そこまで考えが及んでいなかったのだ。しかし、梁さんが、流暢《りゅうちょう》な日本語で話しかけてくれること、梁さんが日本統治時代の遺構などに連れて行ってくれること、今でも日本に愛着を持っていることなどを知るにつけ、ことばにできない複雑な思いが募るばかりで、フラストレーションがたまっていった。

また、梁さんが日本語で話しかけてくれることも含めて、サハリン旅行は日本統治時代の残滓を見て回ることが多かったので、帝国の威信を確認する過去のツーリズムとの違いを見い出すことができないでいた。日帝時代に樺太庁であった郷土博物館の展示を見たり、真岡（現ホムルスク）時代の製紙工場の建造物を訪れたり、旧主計学校に入り込んだこと[注12]。そして、梁さんの知人の、やはり日本語を少し話す人々を訪れ、残存する鳥居や連合艦隊の上陸記念碑を見に行くことは、日露戦争以後のツーリストが行ったであろう旅程であり、それらの目的地と重なってくることは容易に想像できる。それを考えるにつけ、私は戸惑うばかりであった。もし、それ以上の視点の提示ができないならば、過去のコロニアル・ツーリズム

注12　一九〇七年に樺太庁が設置されてから、樺太の開発が本格的に始まった。豊富な森林資源に目を付けた樺太庁は、一九一〇年代から三井財閥と王子製紙によるパルプ・製紙工業の展開に期待したとのことだ。三木（二〇一二年）によれば、一九一九年には大虫害が起こり、パルプ・製紙工業への過度な依存を是正することとなり、石炭業やてんさいを利用する製糖業も注目するようになったとのことである（三九一頁）。この石炭業への転換は、本書で登場した梁さんなどの一家が、樺太に移住してきたことと深い関係がある。梁さん一家が移住したのは、炭鉱のある名好だったのだ。

を反芻するだけの時間を過ごすことになる。これでは、帝国の威信を、現在においても確認するだけの旅になってしまう。それ以外の旅の方法はないのだろうか。

ある時、一つのきっかけが訪れた。梁さんの知人に、裵《ペー》さん（仮名）という方がいる。裵さんは、私たちが韓国人会の建物に宿泊していた時に、お世話をしてくれた方である。裵さんは、梁さんより年齢が一つ下で、同じように日本統治時代に「樺太」にいた人である。私たちは、彼の日本語が梁さんと同じレベルにあるものだと勝手に思っていたのだが、話をしてみると、裵さんの日本語はそれほどでもなかった。というより、ほとんどできなかった。冗談交じりに、梁さんは、裵さんが「落第生」であったことを述べ（「落第生」とはなんとも古めかしい表現だが）、裵さんはロシア空軍に入りパイロットになったとのことである。

さて、そんなやり取りをする中で、私もあれこれ考えた。自分の経験に引き付けて、梁さんのことを考えた。私の場合、アメリカから帰国してからの年月は、そこで暮らしていた年月をとっくに上回ってしまっている。あちらで暮らしている時は、朝目覚める時のラジオのアラームから、授業を受けるにも教える時も、飲み屋（バー）で友人たちとぐちを言い合ったりする時も含めて、英語で生活をしている。この中で、ことばは自分の身体の一部になっていた。しかし、帰国してからは英語で生活して考えたりする局面が極端に減ってしまった。時々、仕事でアメリカに行って、授業などをするのだが、初めの三十分くらいは自分の英語に違和感だらけである。しかし、三十分くらい経ってなじんでくると、カンのようなものが戻ってくる。ことばは使っていないと、自分の身体の中のどこかに隠れていってしまうのかもしれないし、もしかしたら、使わない時間が長ければ、それはどこかに消えてしまうのかもしれない。裵さんも、六歳くらいから小学校四年生までは、日本語で生活をしたのだから、どこかに日本語は残っているだろうが、普段使わなかったら元の状態に戻すのはなかなか難しいだろうし、小学校四年生の日本語を大人になってから使用しようとしても、年齢相応のことばのレベルにはならないのだろう。斐さんは、こちらの日本語は多少分かるのだが、日本語で返答をすることは、かなり苦労しているようであった。

いずれにしても、とにかく梁さんに聞いてみることにした。どうして、そんなに日本語が上手なのか、と。そしたらあっさりと「日本からのお客さんで渡り鳥の取材を受けた時から、日本語を習いたいと思って（日本語の）学校に行きました」と答えてくれた。「漢字がとても難しいです」と、多くの日本語学習者が残すコメントもしてくれた。日本語は、梁さんが小学校一年生から四年生に「樺太」の小学校に暮らした時に使用しただけなので、自分が「年寄り」になってから使えるレベルにはなかったとのことである。そして、退職して今の仕事（ガイド）をするようになって、日本からのお客さんを相手にするようになったために、あらためて勉強をしたとのことである。梁さんの生活のことばは、ロシア語と朝鮮語であり、日本語は完全に日本人を案内する時のことばなのだそうだ。実際、彼が斐さんと話す時はロシア語なのだ。しかも、よく朝鮮語とちゃんぽんになるそうだ。

彼は、自分の職務に忠実に、日本人客を喜ばせようとしていたのであり、定年退職してから日本語学校に行ったのだ。梁さんは、日本語を使い、日本統治時代の遺構などに私たちを案内し、日本からの観光客のニーズに応えようとしているのである。恐るべきプロフェッショナリズムだ。日帝支配は、梁さんの人生の一部であることには変わりないのだが、梁さんは決して「日本人」が日帝支配の浸透具合を確認するための存在でない。梁さんと一緒にいると、どうしても日帝支配の影を目撃することにもなるのだが、人生の大半は、ロシア語と朝鮮語で暮らし、祖国を想い続けてきたのだ。

ここで、「なぜサハリンの朝鮮人たちは、朝鮮半島に帰ることができなかったのか」という問いが意味を持ってくる。もし、帰還することができたのなら、彼の日常のことばは朝鮮半島のことばだけになっていただろう。なぜ、一九九〇年代まで、ただの一度も帰還することを許されず、サハリンにとどまり、バスから降ろされた小学校四年生は、その後ロシア語を新たに獲得し生きていくことを余儀なくされたのだろうか。

ポツダム宣言は、第二次世界大戦の戦勝国となった国々によって作られたものである。日本はこれを受け入れ、無条件降伏したことは周知の通り。そこでは、ソ連、アメリカ、イギリスが、日本が植民地支配で獲得した領土などをどのように処理するのかを決めた。朝鮮半島の植民地支配は、この受諾を持って終わりを告げ、梁さんたちは帰還できそうなものであろう。しかし、サハリンでは、これが許されなかった。

アジア太平洋戦争直後、アメリカとロシアとの間では冷戦がはじまった。その構造の中で、朝鮮戦争が勃発し、朝鮮半島は南北分断を余儀なくされた。これを受け、ソ連は、北朝鮮から朝鮮人たちをサハリンに住まわせた。一方、アメリカは、「樺太」時代からいる朝鮮半島出身者たちが、北朝鮮からの朝鮮人たちと思想的に交じり合っているのではないかという懸念を持ち、梁さんたちが韓国に足を踏み入れることを極端に嫌ったのだ（三木 二〇〇六年、一五八〜一五九頁）。これは、極東における「冷戦」が緊張の高かったものであることを物語っている。彼らが、旧ソ連にとどまった理由は、極東におけるアメリカのプレゼンスということになる。

一方、日本はといえば、政治的選択が強いられたものとはいえ、冷戦構造の軍事的緊張を朝鮮半島によってブロックされているがために、一種の緩衝地帯となり、朝鮮戦争を戦う米軍からの兵器の発注の増加などによる特需を経験し、戦後民主主義や高度経済成長を享受することができた。一方、梁さんのような人々は、子供の頃、樺太庁の用意したバスに乗り込んで日本に帰れると思っていたのに帰ることができなかった。そして、その後ソ連で、朝鮮系ロシア公民として待遇されることになり、まさに冷戦構造の中、五十五歳くらいまで朝鮮半島の土を踏むことができなかったのだ。帰りたくても帰れないこと——私は、こんな経験をただの一度もしたことがない。どれだけ悔しかったのだろうか、想像を絶するが安易な感情移入などはとてもできず、ただただことばを失ってしまうだけだ。

そんな彼は、筋肉隆々、健康そのもので、くったくのない大笑いをし、仲間が多く、世話好きで（おせっかいとも言えるかもしれない）、子煩悩で、それでいて、時代に翻弄されつつも決してひるむことなく、しなやかに生きるための術を身につけ、前を向き続きてきた男なのだ。

私は、彼の生きてきた時間を考えるにつれ、こんなことを考えるようになった。これから、サハリンを訪れる日本からの観光客は少しずつ増えていくだろうが、この観光客たちが出会うべき人は、きっと彼のような人たちなのだ。彼らは日本語ができるからといって、日本統治時代の落とし子などではなく、ロシアとアメリカとの間の冷戦構造の中で、サハリンにとどまることを余儀なくされた存在であり、韓国への強い愛着を持ちながら、サハリンの家族のことを考えて帰国する選択肢を選ばなかった存在だ。彼は、朝鮮人であり、日本人として生きたこともあり、ロシア人として暮らしながら、韓国を祖国と考えている、とてもハイブリッドな自分を生きている。いや、彼にとって、それは自分自身でしかなく、決してハイブリッドだなんて感じたこともない程、成り行きの中でのことであろう。したがって、国民国家によってのみ自らのアイデンティティを語る語彙しか持たない「日本人」にとって、しっかりと出会うべき人なのだと強く感じる。

彼らは、いろんな意味で、「日本人」に話しかけたいと思っている。そして、私も話しかけられた一人だ。話しかけられたら、どのような応答をしたらいいのだろうか。決して、日本統治時代を、「日本人」として確認するようなものではないだろうし、感情的な同情や謝罪をすればいいのではないだろう。むしろ、「国家」でもなく「個人」でもなく——そのような選択肢さえ超えていく、人間存在の関係性に開かれていくような応答が求められていると思うのだ。

再び、地図の読み方

私は地図を眺めるのが好きだ。旅に出る前、これから自分がまさに行こうとする土地に思いをはせたり、土地勘が付いて帰ってきた後、余韻に浸りながら旅を反芻したりして、さらなる旅のことを考えていると、時間はあっという間に過ぎていく。旅のイメージトレーニングができるので、地図は本当に楽しい。

日本で発行されている地図を使ってサハリンを探してみると、面白いことに気が付く。北海道の稚内の北方にある細長い島を見つけることができると思うのだが、「サハリン」という名称の後にカッコでくくられ、「樺太」と記されている（写真3）。地図によっては、その島が空白になっていて、「サハリン（樺太）」と表記されている地図もある。空白になっていない地図では、サハリンのロシア語の都市名の横にやはり、カッコで日本統治時代の名称が記されているのだ。例えば、「ユジノサハリンスク（豊原）」、「コルサコフ（大泊）」のように、日本語とのつながりを全く持っていない地名もあれば、「ケトン（気屯）」や

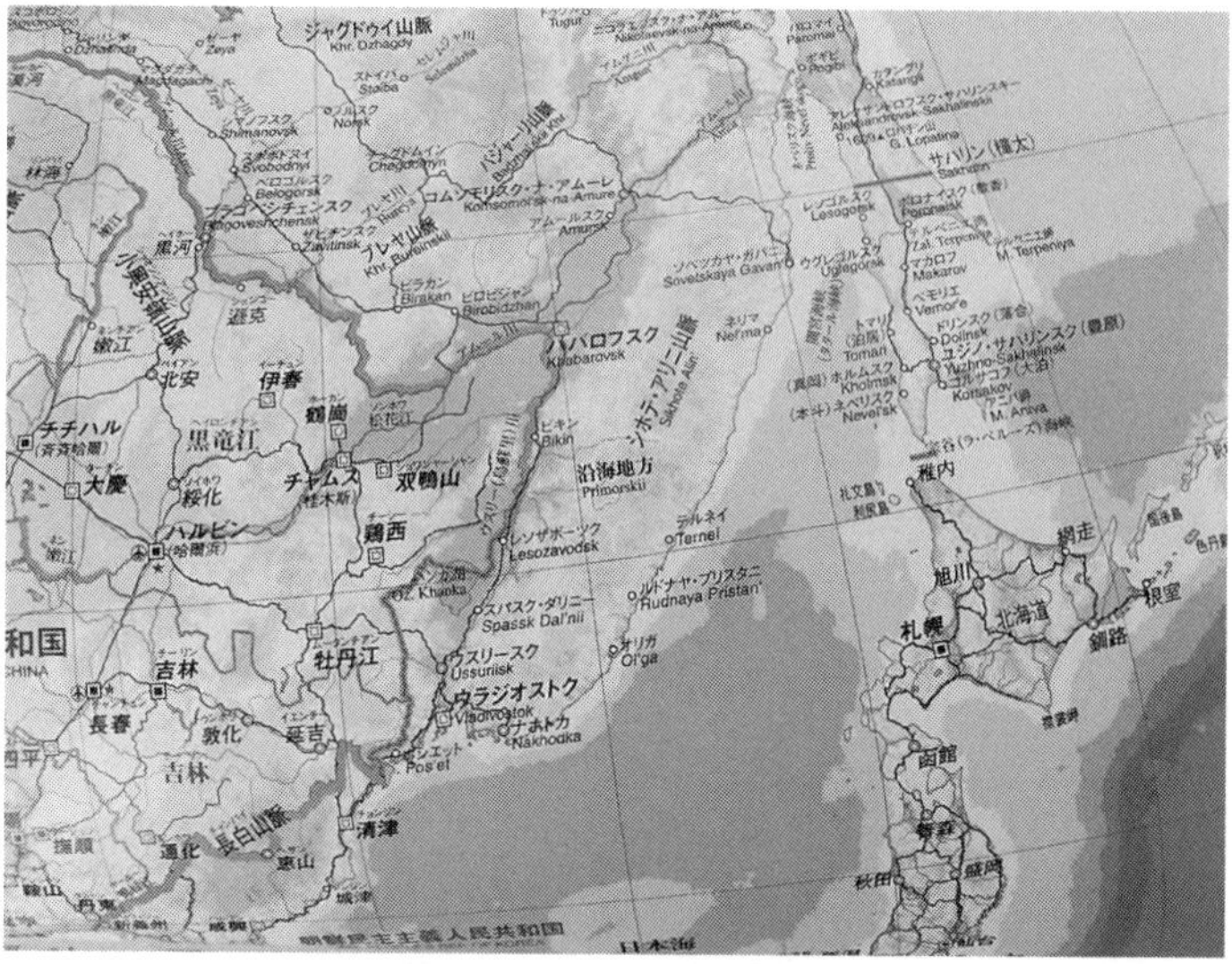

写真３　日本で発行されている地図

「エストル（恵須取）」のように音声だけを拾った、当て字のようにしか思えないものもある。役人などが、命名をするためにどのようなことを考えたのか、土地の命名を通じて昔の人と地図上で対話しているようで、なかなか楽しい。地図は、単に今を生きる人の道案内をするだけではなく、昔の人々がどのようなことを考えて土地に名前を付け、どのようにその土地を考えていたのかを、現在の私たちに教えてくれる、過去とのコミュニケーション・チャンネルの一つなのだ。

　さて、この地図であるが、日本の統治時代の地名も記されているため親切な地図なのかもしれないと思い、他の日本の帝国主義時代に支配が及んだ地域や都市を探してみた。ところが、サハリンの表記の仕方とは異なっていた。例えば、地図上で、中国の都市の表記においては、日本統治時代の名称を表記することはない。旧満州国の首都「新京」だった都市は、現在「長春」

として表記されているし、「奉天」は「瀋陽」である。また、多くの読者はご存じないと思うが、グアム島にも日本の統治時代がある。その当時、グアム島は「大宮島」といった。これも地図で確認したのだが、「サハリン（樺太）」のように、「グアム（大宮島）」と表記されることはない。なぜなのか。

私は、この理由が分からないまま、最初のサハリンへの旅にでた。戻ってきても、その疑問は解消されなかったし、その後その疑問に答えてくれる資料を見つけることができないでいた。

ある時、法律家の知人が教えてくれて、あっけなくその理由が分かった。実は、「サハリン」は「国際法上は無所属地であるため」とのことである。一九四五年に日本がポツダム宣言を受け入れ、帝国主義時代に日本が支配した地域はすべて手放すことになったことを機に、多くの旧植民地が、元の持ち主のところに戻った。しかし、ポツダム宣言は、米英ソ連との間のものであったが、その後の戦後処理を決めたサンフランシスコ条約では、ソ連は締結国とならなかった。そのため、サハリンは「無所属」になっているとのことである。

サハリンは、時には白塗りのままの表記になっていたり、（日本が）手放したことを含みおいて「サハリン」と表記しつつも、条約によって旧ソ連（現在ロシア）のものになったわけではないため、日本統治時代の名称も、カッコ付きで記しているというわけだ。実際は、サハリンは旧ソ連軍が五十度線を越えて侵攻し、そのままソ連のものになったため、条約による返還ではない。したがって、国際法上は、無所属地なのである。無所属地であるなら、今後なんらかの国際法上の取り決めを待つことになるのかもしれない。

私は、これは面白い現象だと思った。この観点からみれば、日本で発行されている地図は、国際法上正義を貫いているようにみえる。一方、ロシアで発行されている地図では、そのような処理が施されていない。そのため、日本の地図の方が優れているものに見えてくるのだ。もし、国際法上の正義を貫くとしたら、条約によって決定されることなく侵略によって手に入れたすべての領土は、条約などが締結されるまで「無所属地」ということになるだろう。そして、地図もそれを反映するはずだ。

さて、もし、このことが本当であるなら、侵略により手に入れた土地で、条約やそれに準ずるものによる拘束を受けない（と推定される）土地の場合、日本の地図がサハリンの表記に対して行ったことと同様の措置をとるに違いない。例えば、日本の事例ではないが、「ハワイ」はどうだろうか。

もともとあの地は、アメリカの州でもなかったし、ましてや古くから米軍が駐屯していたわけではない。カメハメハ王国は、ＣＩＡ（アメリカ中央情報局）によって仕組まれたクーデターで倒され、その後、一八九八年にアメリカに併合され、その後州となっていった。これを踏まえて、最近では、〝ＨＡＷＡＩＩ〟という英語表記が、カナカマオリ（ハワイの先住民族の名前）のことばに忠実に、二つの〝Ｉ〟の間にアポストロフィを入れて、〝HAWAI'I〟という表記に改変された（ハワイで手に入る地図は、すでに百パーセントこれを反映している）。近年は、「カナカマオリ・ルネサンス」とも言われるようになり、ハワイの先住民族の文化の回復がさかんになっている。この文脈で考えると、ハワイの土地が、またはその一部が、彼らの元になんらかのかたちで返還されることも起こり得るかもしれない。それほど、土地の命名は大きな意味を持つ。

では、日本の北海道はどうだろう。考えたこともない人がたくさんいると思う。実は、「北海道」は日本が侵略によって手に入れた土地である。その名前も、明治以後、屯田兵を入植させる中で、明治政府によって命名されたのだ。[注13] それは、当時からそこに住んできたアイヌたちの生活に根差した名前になっていないものがたくさんあるし、アイヌ語を下地にした地名でも、漢字で表記されているのだ。今からほんの百五十年くらい前に、日本の土地として、そのように命名されたばかりなのだ。

繰り返すが、屯田兵の入植は、アイヌたちと日本政府の間で条約や協定によって決められたものではない。全く一方的に、この地に兵が入植してゆき、田畑を開き、街を作り、軍事基地を作っていったのだ。この意味で、この土地は条約によって日本のものになったのではなく、一方的にこっそりと日本のものにしたのである。

もし、上にも記した「サハリン（樺太）」のような表記方法が妥当であるならば、少なくとも、本来の土地の名前と現在の土地の名前の両方を地図上に記すべきである。例えば、旭川であれば、「旭川・チュウペッ」という並列表記である。北海道の地名の多くがアイヌ語の地名を下地にしていることを考えれば、北海道の地図表記は、とても面白いものになるだろう。時には、無機質な命名をする日本の官僚による日本語地名の表記よりも、長い間、その場所に暮らしていたアイヌたちが、その土地と共にどのように生きたのかが分かるような表記方法の方が、理にかなっている。旅のための地図は、同時代的に平面の中で完結するのではなく、過去と、そこから連なって生まれる現在との関係までをも考えることができる、知的ツールにもなり得るのだ。

さて、日本の地図であるが、表記の方法はどうも一貫していないように思える。「サハリン」の場合には、この国が統治していたことを記す痕跡を記しておきながら、侵略によって奪った「北海道」に関しては、カッコをつけてアイヌ語地名を記すことがない。一見、中立を装う地図であるが、表記方法を見る限り、作成している人々の思考様式を反映しているのだ。そして、その思考様式は、まだまだコロニアルなまま、ということであろう。こうして、「北海道」を植民地化した記憶が、忘却の穴の中に消えていくことになる。

この意味で、地図とは植民地支配において大きな役割を果たしているのだが、「サハリン」と「北海道」の表記方法の違いが顕在化することによって、現在の日本地図が拭い去ろうとしても拭い去ることができ

注13 私は、「北海道」という名称の持つ意味を考えるにつけ、このことばの上に覆いかぶさる複数の意味の層を考えたいと思う。どのことばもそうであるが、複数の意味が歴史的に折り重なっているものである。したがって、その複数の意味の折り重なりを忘れることなく、どのようにことばが継承されていくのか、ある特定の意味だけが採用される理由も含めて、その都度、複数の意味がぶつかり合うことも含めて継承されるべきであろう。そうでなかったら、複数の意味の折り重なりやぶつかりは忘れ去られてしまう。

現在、明治百五十周年と連動し、北海道百五十周年を記念して数々の催しが開催されている。松浦武四郎による命名である「北加伊道」の使用や、彼のアイヌに対する好意的なまなざしを引いて、この名称を顕彰する風潮がある。彼の『近世蝦夷人物誌』に言及しつつ、彼を「ヒューマニスト」と定位するのは、典型的な論考である（例えば、佐々木、吉原、児島二〇〇五年、二三五頁）。したがって、「北加伊道」が「北海道」へと名称がスライドしたこともまた、無条件に顕彰すべきものとして位置づけられている。

しかし、この論理には注目すべき重要な視点・論点が抜け落ちている。それが故意なのか無意識なのか判別がつかないのだが、北海道という名称が、明治維新に伴う王政復古によって求められたことが説明されることがないためだ。明治政府は、古代天皇制と神社神道を合わせることで国家神道を生み出したのだが、そこでの統治は、律令制を想起し、国土を五畿七道として定位し、天皇による直轄領として北海道も含めたのだ（田端、桑原、船津、関口二〇〇〇年、一七八頁）。これと同時に、明治政府が開拓使を北海道と樺太の両方に送ることを決定した。これを考えれば、この二つの北方の島は、その命名を通じて、国家神道を介した天皇制による統治の始まりを告げるものであることがよく分かる。

松浦武四郎による命名と明治政府による命名は、表記や音声が同じであっても、切り離して評価すべきであろう。この二つのことばの持つ意味にはズレがあるのだ。国家神道による命名の領有を忘却しつつ、松浦武四郎による命名にヒューマンなまなざしをからめて北海道の起源を定位する言説は、結果的に、国家神道からの視点を、現在において喚起し再生産を続ける政治的所作の一部になりかねない。複数の解釈の存在を人々に提供し、その都度、評価してゆくことが大切であろう。

ない、記憶の痕跡を観察できるようになる。現在のどのような関心から、何を覚えておいて、何を忘れようとしているのか、よく分かるということである。そして、その記憶方法と痕跡に着目することで、現在において、誰の思考様式を維持させ、将来に向かって継承させて行こうとしているのかも教えてくれる。

地図上の旅は、このような命名をめぐる攻防や痕跡を目撃できると言う意味で、実際に足を運んでその土地に赴くのとは違うかたちの「旅」を経験することができる。その土地が、日本のものになったり、そうでなくなったりするため、境界を行き交うことができるというわけだ。

さて、梁さんとの「出会い方」である。梁さんとの「出会い」に、日本統治時代の痕跡をだけを読みとるのは、どうも公正ではない。それは、日本という国が過去に何をしたのかを省みる行為ではあるが、一方的でロマンチックな感情移入であるような気がしてならない。実際、梁さんの日本語は、日本からの来客に備えて、かなりの年齢になってから本格的に身につけたものであり、梁さんの現在の関心事において可能になる、「日本人」とのコミュニケーションの手段である。それと同じように、「サハリン・樺太」なる存在は、失われそうな過去を、現在の「日本人」の関心事から投影させて勝手に脚色してはならないと強く感じる。日本の「国境の北」に住んでいる人たちとの出会いは、現在と過去において、どのような「日本人」の自画像をそれぞれ紡ぎ上げようとしているのかを知る機会を与えてくれているということなのだ。同様に、地図上の「国境の北」も、「私たち」が、どのような人間なのかを教えてくれる、一種の鏡なのだ。この鏡に映る「私たち」は、果たして、どのような人間なのだろうか。きっと、サハリンと樺太の中間には、「私たち」を成長させてくれる大切なものがある。

第2章

――アイヌモシリ・旭川のはざ間に

国見の碑からみる上川盆地

モニュメント（碑）は、そこに何があったのか教えてくれる重要な存在である。石碑の場合もあれば木で作られたものもある。しかし、モニュメントが、歴史を記録・伝承してゆくことを目的としたものであることを考えれば、木のように朽ちやすい材質で作るのではなく、石やコンクリートのような素材で作る方が、その目的をより果たすことができるだろう。

例えば、石でできた問注所跡碑なるものが私の家の近所にあり、その場所で罪人の刑を審議・確定した役所があったことを教えてくれる。そして、そこから三〇メートル程歩いたところに刑場だった所があり、斬首された人々の魂を鎮めるために地蔵が六体鎮座している。現在、道行く人は、多くの場合、その地蔵の本来の役割を忘れ、世俗的なお祈りをしている。それでも、問注所と刑場の間の距離の近さを考えるにつけ、碑や地蔵の存在を生々しく感じることもできるのだ。

ここでは問注所の碑よりも、もっと興味深い意味を生み出そうとしている碑を紹介したい。この碑を紹介することで、これからお話しようとする北海道・旭川の旅への序曲としたい。

現在の旭川市をすっぽりと抱く上川盆地を望む近文山《ちかぶみやま》の頂上近くに、この碑は建立されている。私は当初、この碑の存在すら知らなかったのだが、後の方で紹介する自衛隊のＰＲ館の展示に、この碑に関係する絵を発見してから、この碑についてもっと知ってみたいと思うようになった。この絵は、数名の男が上川盆地を見下ろしている図である。

私が旭川に足しげく通うようになってから、友人になった上川町（旭川市に隣接）のタカヤさんによれば、この碑は、地元住民にはよく知られているとのことである。しかも、自衛隊ＰＲ館の一番最初の展示において、その絵が掲げられるほど重要な地位を占めている。まず、この自衛隊のＰＲ館であるが、陸上自衛隊第二師団によって運営されている。ここでは、旭川が軍都として繁栄していくきっかけとなった、通称「七師団《しちしだん》」の輝かしい活躍を宣伝しているのだ。この館については、後の方で詳しく書きたい。

明治の初め、北海道に配備された軍は、ロシアの南下に備え、屯田兵による入植により組織された。屯田兵は、開墾・農作業と兵役の両方をこなす人々のことを指すことはご存知の通り。この人々が北海道に入植することで、「原野」を拓き田畑を耕し、この土地を豊かにしつつ、北の軍事拠点を築くことに貢献した。参議院議長伊藤博文と内閣顧問黒田清隆らの命を受け、司法大輔であった岩村通俊らが、この地を検分し、屯田兵を入植させることを決定したのだ。彼らは、まず近文山の頂上に登り、上川盆地を見下ろすことで土地の検分をした。これが、ＰＲ館の最初に配置されている絵である。彼らが見下ろす行為を収めた絵は、私たちの目線を上川盆地に誘い、眼前に広がる景色を私たちに想像させる。

彼らによる検分を歴史として伝承していくためには、上川盆地を見下ろす構図が残る必要があったのだ。つまり、彼らが近文山から見下ろし、その後「上川盆地」と名付けられる広大な土地を屯田兵が入植すべき土地として見い出したことを、後世に伝承してゆく必要がある、ということである。この意味で、碑は、ここで彼らが、まさしく検分をしたという臨場感を生み出すのに貢献している。

この検分を行った一行が残した文書は、なかなか興味深い。まず、「上川は札幌をへだたること四五里、真にこれ無人の境なり」とあるように、この土地が「無人」であることが記されている。この文書は、この地を北の都として政府に進言しようとする目的をもっており、その土地が日本国土としてふさわしいのかどうか伝え、まず土地に名前を付そうとしているのだ。日本の古都・京都から名前を借り、名前を付ける創世神話のようである。少々引用してみよう。

上川は東西約四里、南北七里。……皆曰く、なんぞはなはだ西京に類するや。これ実にわが邦他日の北都なりと。けだし石狩岳は比叡山に似、その川は鴨川の如く、而して規模の大、遠くこれに過ぐ。(『旭川市史』第一巻、三〜四頁に引用)

創世記は神様しか登場しないために物語として破綻がないが、彼らが残した文章には、この土地が「無人の境」であることを記しながら、傍らには道案内がいることも記している。屯田兵入植以前、この土地を検分するためには、どうしても道案内が必要だったのだ。彼らが「原野」と名指す厳しい自然やそれをたたえる土地、流れが急な忠別川《ちゅうべつがわ》、慣れない食糧事情などを考えれば、現地の道案内に頼らざるを得ないことは明らかであろう。彼らの文書には道案内の「土人」が登場し、興味深いことに「土人」が食していたものも記されている。それはユリ根のでんぷんでつくった団子、「シト」であった。これは、この土地が決して「無人」ではなかったことに加え、彼らだけでは「検分」などとてもできなかったことを物語っている。

ダニエル・デフォーによる『ロビンソン・クルーソー漂流記』にも同じように「土人」が登場する。主人公は一人で生きていくことが困難であったために、案内役のフライデーが登場する。フライデーに助けてもらいながら、主人公は彼に英語を教え信仰も教える。しかし、主人公はフライデーのことばを覚えることはない上に、フライデーの信仰に気が付くことはない。この物語は植民地支配者たちの思考様式を、まったく見事に描いている。一方、これは無人島に漂流した主人公が信仰を取り戻す信仰文学として読まれ、冒険物語としても消費されてきた。しかし、フライデーを始めとする「土人」の存在に留意して読むと新しい読みも可能になる。

岩村たちは、この「土人」たちの存在をロビンソン・クルーソーと同じように、自分たちの味方として思い込むことにしたのだ。「原野」に入り川を登り食料を調達させ、挙句の果てには、そこを「無人」の土地にしてしまう物語の登場人物として、である。

写真１　国見の絵には、かしずくアイヌの姿が配置される

師団のＰＲ館に掲げられた絵には、彼らが検分しているまさにその瞬間が収められている。その中に、道案内をしたアイヌの姿も描かれている（写真１）。検分の証として記録を残すのと同時に、アイヌをかしずかせた武勇伝として、その後思い出されていく期待も込められている絵なのだ。

アイヌたちに道案内をお願いしたにも関わらず、かしずく存在として位置付けてしまうのは、この土地をまさしく日本の土地として名指し、屯田兵を入植させ領有していく野望と無縁ではない。山頂から土地を見渡す、「（彼らの）見る」という行為が、未だ「上川盆地」という地名でさえなかった土地を「上川盆地」として生み出すための効果を発揮するのだ。つまり、上川盆地を検分するための「見る」作業は、国造りの、まさしく「国見」の記憶物語なのだ。

彼らの旅の記録や、その後それを市史のかたちで残していく作業は、過去を記録する行為に違いないのだが、そこでの旅の記録は、日本という共同体の求める集合的作用を強く受けた記憶表出でしかない。もし、旅の楽しみの一つが、碑などを訪れ、先人の見たものに自分の見る風景を重ねて楽しむことにあるとするなら、碑が投影する風景や景観が、誰のフィルターを通して生まれたのかを考えなくてはならない。そうでなかったら、旅で何かを見る行為は、自分自身の旅ではなくなってしまう。この場合、風景を楽しむ旅は、一人でする旅ではなく、他者の土地や資源を惜しみなく奪い、食らい尽くそうとする植民地主義者の視点を獲得するものになる。私たちは、このような作用を強く受けるのではなく、自分だけの旅を楽しむ方法を身に着けなくてはならない。

北海道の神社と兵村

私が、北海道・旭川に行きたいと思い立ったのは、ある神社に併設されている記念館がとても気になったからだ。その神社は「旭川神社」といい、併設されている準ミュージアム施設は、「旭川兵村《へいそん》記念館」という名称を持っている。その神社は護国神社でもないのに、当時靖国神社併設の遊就館《ゆうしゅうかん》で企画展示されていた花嫁人形展を開催していたため、非常に強い興味を持った。靖国神社と遊就館は常々かなり批判を受けるが、同様の企画展を開催しているこの館や神社はメディアに取り上げられることがほとんどなかった。お恥ずかしい話であるが、私は、そもそも「兵村記念館」がどのようなものなのか、当時は全く知らなかった。同様に、「カツゲン」や「ザンギ」なども、当初は知る由もなかった。これらが、北海道に独特の語彙であることに気が付くのは、旭川に足しげく通うようになってからのことである。ちなみに「カツゲン」は乳酸飲料、「ザンギ」は揚げ物のことを指す。

二〇〇三年の三月に旅行のプランを立てようとしたのだが、なんと冬の間は開館していないことが分かったので、春を待ってから訪れることにした。ゴールデンウィークになり、道北の気温の低さや豪雪をまだ知らなかった私は、すっかり春の陽気につつまれた南関東から旭川に行った。当時、旭山動物園の人気に火が付き始めたころで、飛行機は家族連れであふれていた。到着後、家族連れのほとんどは私とは違うバスに乗って動物園に向かった。駅構内の観光協会で聞くと、空港からくる観光客は街に寄ることなく動物園に直接行ってしまうのだそうだ。私は、旭川神社に行きたい旨を伝えると「めずらしいわね」と言われた。旭川神社はJR旭川駅の隣の東旭川駅にある。たまたまホームに入ってきた電車に飛び乗った。その神社は、東旭川の駅から歩いてすぐのところにある。四月末とはいえ、とても寒い。冬の服を持ってこなかったことを心の底から後悔した。

神社の鳥居は、なかなか立派だ。この鳥居は、空の高い東旭川の景観の中にあってはよく目立つ。鳥居をくぐって、左に曲がれば兵村記念館がみえる。そもそも、兵村記念館という北海道独特の存在に、まず説明が必要であろう。

北海道には、「兵村」と名前がつく、展示を備えた資料館、モニュメントがやけに目につく。この名前は、明治時代の屯田兵の入植に起源がある。屯田兵とは、ロシアの南下に備え、明治政府が、まだこの地を「北海道」と名づけていないころ、兵を入植させようとしたのだが、この地が未だ開墾されていなかったために、士族階級だった人々に開墾と農作業に従事させることから付いた名称だ。「屯」という字は、人などが集まることを表すもので、これに「田」が付き、田んぼに集まっている人々、この場合、兵隊と農民の両方のことを指す。したがって、この人々が大地を開墾して村を作ったということで、「兵村」。この「兵村」が、この地が「北海道」となっていく過程で大きな役割を果たしていくことになる。ちなみに、この地が「北海道」と名付けられたのは、明治二年（一八六九年）のことである。

もう一つ、北海道で目につくことばがある。それは、「兵村」ということばと密接に関係する「開基《かいき》」という表現である。通常「開基何周年」などと表現され、その土地が屯田兵により開墾され軍事基地となり、そこが日本の土地となったことを歴史に刻もうとする。一九七二年に、札幌で行われた冬季オリンピックは、国内外に向かってシンボリックに「北海道開基一〇〇年」を祝したものだった。そして、一九七〇年に「開道一〇〇年」がビッグイベントとして開催された。地域によって、開基・開道の年が異なるため、この年にまとめて一〇〇年ということにしたらしい。

旭川神社の近辺には、「屯田兵の父」と呼ばれる永山武四郎にちなんで付された永山町という場所がある。人々は神社を中心として氏子の共同体を作り、大地を開墾し、そこが農地となっていったのである。兵村記念館は、その過程をみせてくれるはずである。といっても、その過程は、一言で語りつくされるような簡単なものではなかったことは、この土地の気候の厳しさを考えれば、容易に想像できる。なにしろ、四月末でも相当寒いのだから。

最初に入植した士族階級の人々は開墾や農作業などに不慣れであった。江戸時代、彼らは士族であったために、農民が育て収穫した作物を年貢として受け取る側の人間だったからだ。したがって、士族屯田はすぐに挫折した。そして、今度は、農作業に慣れた農民階級出身の人々が入植することになる。しかし、いくら農民たちが農作業に慣れていたとはいえ、その土地は、本州での農業がそのまま通じるようなものではなかった。そこで開墾し、農地として開いていく苦労は想像を絶する。この人たちの労苦には頭が下がる思いだ。

この兵村記念館に入って順路に従って展示室に入ると、まず目に付くのは、農具の数々である。これらは、旭川だけでなく北海道のいろんなまちの兵村や屯田兵に関する博物館や資料室に行けば、見ることができる。それほど、北海道ではありふれたものだ。独特に発明されたタコ足を持つ農機具などは、今の時代からみれば不恰好にみえるが、当時の人々にとっては画期的な農機具であったに違いない。また、寒さを耐え忍ぶための生活の様々な工夫を見るにつけ、慣れない気候に苦しんだ人々の忍耐や根性のようなものを感じざるを得ない。それほど、農機具などの展示は、新しい土地に入植した人々の不慣れな様子が伝わってくる。冷たい空気が家屋の中に入り込み、しんしんと冷えてくる様を想像するにつけ、こっちまでつらい気持ちになってしまうのだ。北海道育ちの人々には、なじみのある展示なのだと思う。

一方、道外の人間からみると、新天地での困難が伝わってくる展示は、この土地があらかじめ農耕のために整った場所では決してなく、開墾を必要とする程の土地であったこと、それ以前には幕藩体制の外にあった土地であったことに気が付かざるを得ないのだ。

兵村記念館では、まさしく、屯田兵による入植以後の歴史を見ることができるのであり、未だ日本という国民国家の所有物でなかった土地が、日本のものとして「開墾」されていく過程を知ることができるのだ。それは困難を生き延びた人たちが兵村を作り上げた歴史物語を目撃する内容である一方で、日本の土地ではなかったものが「日本人」のものとなっていく植民の物語でもある。ロシアの南下に備えて土地を領有するという軍事的な性格と、開墾・農業という、多くの場合辛酸をなめた一人ひとりの物語・歴史とが混ざり合い、「北海道」を生み出す「日本」の物語となっている。そんな展示を経験できるのが兵村記念館である。

軍国ミュージアムと地域のミュージアムの間で

旅をしていると、神社の存在はなかなか貴重だ。昨今、気軽に休憩ができる場所が減ってしまったために、拝観料も要求しない神社は旅行者にとって無料で休息をすることができる数少ない場所だ。不謹慎かもしれないが、手も洗わせてくれるし、いろんな種類の石碑も残っており、それらを読めば退屈することはない。

北海道より南にある神社であれば、奈良時代くらいから明治時代までずっと続いてきた神仏習合の名残をみることができる。中には、その神社が、神宮寺であったことまで教えてくれるところもある。[注1] 例えば、鎌倉にある鶴岡八幡宮は、本来は「鶴岡八幡宮寺」であったことが、立て看板に記してあったりもする。すでにみなさんもご存じのように、この風土に根差した神様・仏様たちは、お互いが共存し合うことを許すような、大らかな存在なのだ。お地蔵さんも大仏様も観音様もアマテラスも、みんな、他を否定するような排他的信仰を要求しない。そもそも、仏壇や神棚の両方が一つの家にあるのも珍しくもないし、お寺で柏手を打ってしまう人だっているのだ。

それでも、現在、お寺と神社はなぜか別の信仰の場所であると認識されているし、実際、敷地も物理的に完全に離されていることの方が多い。それはなぜか。

これには、二つの答えがある。第一に、明治維新の折に発布された神仏分離令によるものである。これは、徳川将軍による幕藩体制を終わらせるために、天皇制を中央集権国家の礎に据え、その屋台骨となる思想を教化するために発布されたもので、習合していた神仏から仏教を切り離す措置である。そして、その後の神道別格令と合わさり、古い神道が国家神道へと「格上げ」されていった。[注2] その過程で、仏教に関係するもの、例えば仏像や仏舎などがずいぶん破壊されたのだ。イスラム原理主義タリバンによる、バーミヤンの仏像破壊と似たようなものとして受け止めるのは難しいかもしれないが、政治が信仰に攻撃を

注1　原始宗教・アニミズムとしての神道が体系付けられたのは、大陸から伝来した仏教や儒教、道教の影響を強く受けたことが、高取（一九七九）によって指摘されている。時期としては、奈良時代後期とのことで、当初から習合していたことが分かる。

注2　国家神道は、皇室神道を基本として、神社神道を再構成したことによって成立した。全国の神社を、明治政府の直轄の支配下に組み入れることによって、神道が国教化されたのだ。中でも、八世紀あたりから仏教などと習合していた神道は、江戸時代を通して仏教の支配下に置かれていたため、まず仏教勢力を切り離し徹底的に排撃する必要があった。これを神仏分離と言う（一八六八年）。具体的施策としては、僧侶は還俗させ、排仏毀釈を行い、仏像や仏具などを破壊した。そして、同じ年、古式神道の伝統を復古させるために、神祇官を置き、政治と神道の間の一致に関する儀礼を執り行わせるようになった。明治天皇は、「神祇を崇め祭祀を重んずるは、皇国の大典にして、政教の基本なり」と詔に記している（村上〈一九七〇年〉八九頁より引用）。

加えるという意味では同じ類の事件である。第二に、戦後ＧＨＱ（連合国軍最高司令官総司令部）は、日本の帝国主義を解体するために、帝国主義の温床となった国家神道を廃止したことによる。そして、仏教と神道はそれぞれ別々に法人化されたために、別組織になったためである。したがって、現在、仏教と神道は、別個の宗教として認識されるに至っている。

奈良時代から明治以前まで、神仏はずっと習合していた一方、明治維新の後は、政治的理由で分離させられ、一方は攻撃まで受けたほどである。そして戦後、ＧＨＱの施策によりそれぞれ別個に法人格を与えられ、別の宗教になってしまったことを考えれば、神仏が別々のものであった歴史は、決して長くない。習合の歴史は長いが、別々であった歴史は、習合の歴史の長さに比べれば大した伝統も持っていないことにもなる。

これを念頭に置けば、北海道にある神社は非常に興味深い。というのも、この地は、明治維新の後で「北海道」と名付けられ、屯田兵を入植させていったため、この地の神社は神仏が習合していた歴史を持たないことになる。[注3] この意味で、古くからある内地の神社とは趣を異にすると言ってもいい。

北海道の神社が本州のものと異なるのは、その軍事色である。地域によって濃淡はあるが、神仏分離令や神道別格令が発布された後で神社が創建されたために、どうしても国家神道的な色彩が色濃く残ることになる。私が兵村記念館などの場所に興味を覚えたのは、花嫁人形展などのように、靖国神社と性格が似ているためであった。ただ、靖国神社と決定的に異なるのは、祭神が軍神ではないことである。靖国神社の場合は、戦没者はほぼ皆軍神となり、名前の後に「命《みこと》」が付され合祀されるが、旭川神社のような地域の神社は、本州のどこぞの神社から分霊させて祭神を持ってくる（旭川神社の場合は、一八九三年が創建、その後伊勢神宮から分霊とのことである（旭川神社HPより）。

屯田兵たちが兵村を作る上で精神的拠り所とした神社は国家色・軍事色を払しょくさせることはできない。そもそも、屯田兵そのものが軍人であるためである。本州にある神社には、一時期は国家神道に染められたとはいえ、古くからのアニミズム的な要素が残っている。小山の中腹に創建され、修験道の鍛錬のための岩穴などが掘ってあったり、コケがうっそうと茂り自然環境と一体となったような、霊的荘厳性のようなものを感じないではいられない。時には、商売繁盛などの世俗的なお願いを聞き入れてくれる大黒天や恵比寿様が鎮座していることもある。このように、玉石混交とした信仰の形態が、本州以南の神社の特徴であろう。

旭川神社では、国家色・戦争色が色濃く残っている。まず、空が高い北海道にあって、鳥居が一段と権威を誇示するかのごとくみえる。その後神社のHPでも確認したが、一九四三年に開道百年を記念して、高さ一二・四五メートルもの鳥居を作ったようである。これは、松浦武次郎による「北加伊道（北海道）の発見」を起点として数える百周年である。[注4] それでも、この地を日本のものとする国家的事業としての役割を、この旭川神社は担おうとしていることが分かる。もちろん、この土地には、もともと住んでいた人々

注3　小野は、北海道の仏閣が廃仏毀釈の影響を受け、しかも「北海道」と名指された土地に固有の神道が開始されたことを述べている（小野一九八六年、一〇頁）。というのも、習合していた信仰から仏教が切り離されたことに伴い、開拓使が祭祀を執行することになったのである（能戸一九八六年、四九頁）。かといって、江戸時代においては、幕府の保護が厚く、民衆の間に深く浸透していた仏教は、葬儀だけでなく民衆によって求められたため、生活の中に息づくことになる（小野一九八九年、一八頁）。大きく変わったのは、あくまで神道の方だということがよく分かる。

注4　前章の注13を参照のこと。

がいることを考えれば、「発見」されたわけでは決してない。

その後、屯田兵は制度としては解体されるのであるが、彼らの一部は師団に残り、日露戦争から始まる日本の帝国主義戦争に参加していくことになる。[注5] そのため、入植した折は農作業と軍事訓練にいそしんだ屯田兵たちは、今度は軍人としてのみの役割を担うことになっていく。その過程を、現在の地点から省みると、どうしても軍人を輩出した郷里という意味が強くなってしまうことは否めない。たとえ、屯田兵村と師団が組織として異なるとしても、これらの土地が軍人を輩出するために、国家的・軍事的意味は強くならざるを得ない。

旭川兵村記念館の展示と神社の庭でも言及される加藤隼戦闘機隊隊長であった加藤父子の展示、そして、彼らの庭から移植された松などは、靖国神社的な過去の記憶方法に典型的である。郷土の誇りとしての加藤隼戦闘機隊への言及が、国家的・軍事的顕彰である点で、靖国神社的な論理があからさまに顔を出す。親子二代にわたり二人を軍神として讃える一方で、この父子への追悼や悲しみが見受けられないのだ。夫が戦死したことを受けて妻が「お父さんの名誉を汚さないように」と出家した、典型的な軍人の妻の役割を全うしたエピソードを紹介するのみである。死者を追悼し、悲しみに寄り添い和らげようとする宗教の役割が、彼らを軍神として顕彰する勇ましい軍事国家の作用に圧倒されている。ちなみに、「顕彰」とは褒め称えることである。

兵村記念館の展示の中では、この土地独特の苦労が展示されている。これらをみると、時代に翻弄された人たちのことを想うことができる。例えば、「ふん突き」といわれる棒の展示であるが、これは大便をする時の苦労を生々しく伝えている。極寒の地で大便はすぐに凍ってしまうため、この棒で突き壊しながら用を足すというのである。基本的なインフラが整っていない場所での生活は、筆舌に尽くしがたい程壮絶だ。

入植した人たちのことに想いをはせれば、そこは結構人くさい場所である。その一方、国家的・軍事的色彩の強い神社や併設ミュージアムは、生活の息吹に触れたり、人々の想いに触れることを難しくする。

旅は、人々の目線で地域の様々なものを、素肌で体験する身体的なものであることを思い出したいと思う。国家・軍事的な抽象性の中に埋没させてしまっては、旅の醍醐味は失われてしまうのだ。

旧日本軍と自衛隊の間を埋めるもの

最近、何かを宣伝するPR館とミュージアム（＝博物館）との間の境界線が判別できなくなってきたと感じることがある。ミュージアムは、博物館法に基づき学芸員が配置され、その人たちが教育・啓蒙、そして研究する役割を担い、その成果を発信することをミッションとして掲げるのが普通である。しかし、最近は、ミュージアムに競合するかのごとく、ミュージアム並みの展示機能を持ち、しかも広告代理店や専門の展示業者が展示を担当し、相当見栄えのする展示を持つところが増えてきた。それがPR館だ。中でも、原子力発電所付設のPR館と、自衛隊付設のPR館は、突出して存在感がある。

私は旅に出れば、必ず（鉄道の）駅などにあるインフォメーションに行き、ツーリストのために用意さ

注5　中には、徴兵されずに職業を変えた者や小作になった者もいたとのことだが、多くは引き続き、師団に残ったとのことだ（金倉 一九九二年、二五五頁）。

れているチラシやパンフなどを手に入れる。どんなに行き慣れた場所であっても、必ずやるのがこの作業である。インフォメーションに置かれているチラシの類は、旅行者をある程度誘導する役割を果たしているため、旅行者たちに向けての地域の考え方が分かるためである。実際、インフォメーションに行けば、「どこか面白いところ、ありませんか」と聞いている人たちをよく目撃する。

JR旭川駅のインフォーメーションでも、市内観光の目玉となる場所のパンフを置いている。アイヌ関係のことに興味があれば、川村カ子トアイヌ記念館と旭川市博物館、文学に興味があれば、三浦綾子博物館や井上靖記念館、旭川の歴史に興味があるなら、旭川市博物館や北鎮記念館などが、そのラインナップである。もちろん、旭山動物園が人気の大一番であるため、多くの人は、動物園にまず行くことを前提に他に何かを探すということになる。

上に挙げた場所が、すべてミュージアムやその相当施設であるのはとても興味深い（後で記すが、動物園も「ミュージアム」である）。駅のインフォメーションに来る人たちは車で観光をしないために、どうしても公共交通の便の良い場所を選ぶ。その意味で、ミュージアムは目的地として選びやすいのだ。旭川市にあるいくつかのミュージアムの中で、一つだけ博物館法に基づくミュージアムに該当しないものがある。それが、「北鎮記念館」と呼ばれる自衛隊のPR館である。

この館は、陸上自衛隊第二師団によって運営されている。この地にあった軍、通称「七師団」の歴史と、現在の第二師団の功績を歴史物語風に広報・PRしている。七師団とは、日露戦争でロシアを破るという、歴史に残る「大仕事」をした帝国陸軍の名称であり、第二師団は、自衛隊が一番最初に中東に派遣された時に赴いた部隊がある師団である。ここには、歴史を専門領域としている学芸員がいるわけではなく、広報に関わる自衛隊員が案内をしてくれる。サーヴィス精神旺盛な人たちで、面白おかしく説明をしてくれることもある。

元は現在のものよりも規模が小さかったのだが、二〇〇七年のリニューアルで、かなり小奇麗な場所になり、多くのツーリストが来ることが期待されるようになった。そして、実際に相当の数の人々がこの館を訪れている。広報担当の方によれば、年間二〇万人もの人が来るとのことだ。それだけに、商工会議所との連携も密接で、地元商店街の名物お菓子までショップで売っている。私はこの館に興味を覚え何度も通ったが、なるほど、リニューアル以後は行くたびに多くの人が熱心に広報担当者の熱のこもった説明に耳を傾け、展示に見入っていた。

そもそも、なぜこの館に人気が集まるのかと言えば、旭川やそれを包み込む上川地方が、屯田兵の入植先であり、その後、旧七師団がこの地域にやってきたことによって栄えたことにある。師団ができたことで、さらに多くの人々がこの地にやってきて、その人々の生活を支えるための諸々の商工業が栄えたり、製紙業などの地場産業も栄えた。旭川が北海道第二の都市と言われてきたのは、この街が師団で栄えた「軍都」であるためである。東海道などの旧街道沿いの街と違い、長い歴史の中で育くんだ繁栄の歴史を持たない北海道では、軍隊を入植させることで街を作ってきたのだ。この意味で、北鎮記念館という自衛隊PR館は、この街の成り立ちを教えてくれる、貴重な場所である。

私がこの館に興味を覚えたのは、現在の自衛隊第二師団が、すでに解体された旧日本軍の師団の歴史を伝えているためである。しかも、歴史博物館としてではなく、自衛隊PR館として広報する点に強い興味を覚えた。自衛隊とは、旧日本軍が名前を変えて、その中身をこれまで引き継いできたのだろうか。これはなかなか興味深い「問い」であろう。歴史教科書的な知識を駆使するなら、旧日本軍はGHQによって解体され、平和憲法ができたことによって、この国は軍隊を持つことが禁じられた。その後、朝鮮戦争の折に、アメリカに求められ、一九五〇年、「警察予備隊」という名称で自衛隊の前身が作られ、「自衛隊」となっていく。この説明の中では、自衛隊と旧日本軍は全く別の組織である。しかし、この館に来ると、その二つの間には断絶がないものとして認識されていることが分かる。注6

館内を回って、一番印象が深かったのは、七師団の戦績をたたえる「われらが第七師団」と銘打った展示であった。この「われら」とは誰のことなのだろうか。様々な解釈が可能であろう。この館が、現在の第二師団の功績と旧七師団の歴史を連続的に扱っていることを考えれば、ここでの「われら」とは、「七師団」としてのアイデンティティが強い地元出身の自衛隊員による「われら」なのかもしれない。また、輝かしい戦績を残した七師団を誇らしく思う、軍都・旭川の住民としての「われら」なのかもしれない。いずれにしても、七師団の戦績をたたえる展示を紹介する部分で、「われら」意識が登場するのは、七師団がこの街のアイデンティティ形成に大きな影響を与えていることの証であろう。実際、近隣の小学校は、総合学習の時間に、この館に生徒を連れてくるのだそうだ。しかし、いかに「郷土の誉」であるとはいえ、専門学芸員のいない自衛隊のPR館に、学校教育の一環として子供たちを連れて行くのは、私のような（旭川市民でない）外部の人間からすると強い違和感を感じる。しかし、この街が軍都であったことを考えれば、この街の人にとっては当たり前のことかもしれない。

北海道経済は、リーマンショック以後最悪の冷え込みを経験しているとも言われている。北海道第二の都市・旭川は、歓楽街の規模が非常に大きいが今は少々閑散としている。師団通りに連なる数々の飲み屋やスナックなどには、師団の給料日ともなれば、かつては人があふれたことが伺い知ることができるが、これだけの規模の歓楽街を潤すだけの好景気には至っていない。この現状を考えれば、商工会議所がリニューアル後の北鎮記念館の集客力に賭けたい気持ちも分からないではない。

「軍都」の記憶はどこで生まれるのか

自衛隊のPR館である北鎮記念館は、旭川が「軍都」として栄えてきた記憶を、商工会議所や地元の小学校と共有しようとしていることはすでに述べた。しかし、はたして旭川は、昔からずっと「軍都」だったのだろうか。そして、それは「軍都」としての伝統と呼ぶことができる程、長きに渡って継承されてきたものなのだろうか。

北鎮記念館の展示の始まりには、「国見の絵」が飾ってあり、屯田兵の入植により街が開けていく予感を、現在の地点から人々にみせている。ここでは「現在の地点から」というのが大切なポイントだと思う。

各地を巡る旅にでると、どうしてもその地域の歴史が私は気になってしまう。そこでの過去の語られ方といえば、大抵、事件が時系列の順番で並べられる。このPR館でも、それは例外ではない。上川盆地に位置する旭川が、岩村道俊らによる土地の検分によって見出され（「国見」）、そこに屯田兵を入植させ、

注6　実際、旧日本軍の軍人たちは公職追放を受けていたが、一九五〇年、その解除を受け、警察予備隊や海上保安庁に採用されていく（岩本 二〇〇九年、一八頁）。この意味で、旧日本軍と自衛隊の間に断絶意識が希薄なのは当然とも言えるのかもしれない。

その後第七師団がやってきた歴史が、ここでは語られる。この方法に従えば、ロシアの南下に備え屯田兵を入植させ、その後、この地に陸軍が師団を置き、日露戦争で成果を上げたという歴史は、まさしく「軍都」の伝統をつむぎ上げる時系列の歴史物語である。しかも、現在の自衛隊第二師団は、その伝統を受け継ぎつつ、国際人道支援に関わる仕事まで為した展示がここにあることを考えれば、「軍都」という伝統は、まさしく「今ここ」で意味を持とうとする。

このように自衛隊員が歴史を教育され、商工会議所が「軍都」という伝統をウリにして旭川という街をプロモーションし、小学校が「総合の時間」を利用して子供たちをこの場所に連れて来る時、「軍都」という伝統は間違いなく広く共有される。それと同時に、この地を訪れる観光客もまた、その「伝統」をこのPR館で経験することになるだろう。

旭川にある他のミュージアムもまた、この街が「軍都」であったことをビジターに伝えている。例えば、井上靖記念館では、井上靖の父親が軍医であり、彼がここで生まれたことを理由に、この地に井上靖記念館を作ったことを記している。彼が世田谷で使用していた書斎はそのまま旭川に移築され、展示の目玉として、多くの人による訪問を受けている。学芸員の方から移築の時の苦労話しを聞いた時、私は本当に驚いた。さぞかし移築する作業は骨が折れただろうし、かかったお金ものすごかったのだろう。

井上靖が、浜松や沼津、京都や博多、そして世田谷などに住んだことを考えれば、この記念館は他の場所に建てられる可能性もあった。実際、沼津市には「井上靖文学館」がある。この意味で、彼の父親が軍医であったことが、軍都・旭川という伝統に引き付けられ、この記念館が呼び寄せられたとも言えるだろう。そもそも、幼少のころしか彼は旭川にいなかったのだ。また、彼が亡くなった場所を重要と考えれば、伊豆のどこかにあっても、不思議ではない。

さて、北鎮記念館に話を戻す。リニューアルされた展示を見ていて気がついたことがあった。それは、師団の日清戦争との関わりが記されていないのである。私がこのことに気が付いたのは、すでに紹介した東旭川の兵村記念館や、北海道の他の地域にもある施設の展示との比較においてである。兵村記念館では展示されているモノのほとんどが農機具であり、兵隊になるための訓練の日課などは申し訳程度にしか記されない。ここでは、やはり新天地で農業を営むことの困難さや、地域や家族が一丸となって生活を軌道に乗せていった苦労があふれ出ているのだ。そのような人たちの大半が、軍人として勇ましい戦績を上げたというPR館の展示に、現実感を覚えることができなかった。いずれにしても、日清戦争への言及がないことの理由をすぐに知りたくなり、私は旭川市立図書館に足を運んだ。

この師団が日清戦争にどのように参加したのかといえば、臨時師団としての形態であったようだ。実は、屯田兵は農作業が生活の中心であるために、兵力としてあまり信用を置かれていなかったそうだ。日清戦争のころは、指揮官からみて、この師団には強者が集まっていたとは到底思えなかったのだ。そのため、屯田兵ではなく、本州からの常備兵に頼りたかったようである（伊藤 一九九二年、三六八〜三七〇頁）。その後師団が正式に編成される折には、本州の様々な地域から常備兵を集めたのである。つまり、必ずしも屯田兵がそのまま師団の兵隊になったのではないのだ。

しかも、日清戦争のために臨時に編成された師団は、どういう訳か途中で待機を命じられ、日清戦争に赴くことはなかった。その理由はすでに述べた通りである。いずれにせよ、待機の後、彼らは旭川に戻っただけであった。そして、屯田兵は兵力として用無しとなり、師団が正式に編成されることになった。

一八九六年（明治二十九年）のことであった。

軍都・旭川の伝統は、決して、「国見」から始まり屯田兵を経て現在まで間断なく継承されたのではない。屯田兵が兵力として当てにされていなかったことや日清戦争では待機していたことは、「軍都」の伝統からみれば、なんとも力の抜ける話である。しかも、もし「軍都」の伝統が日露戦争から始まったのだとすれば、GHQによって師団が解体されるまでの、ほんの四十年程度の「伝統」ということになる。旭川の経済的発展にとって、師団の存在は大きかったことは否めないが、「軍都」としての伝統となると、それ程長いものでは決してない。

「現在の地点から」歴史を叙述しようとする時、時系列に従って事件を並べることは、途中にある断絶を見えにくくしてしまうことがある。事件は、時間の経緯の中で順番に起こるが、それが必ずしも因果関係のようにつながっているわけではないことが分かる。また、何かの意図を持っているわけでもない。ロシアの南下に備え入植された屯田兵は、決して「軍都」を担う存在ではなく、この地域の農業や地域の開拓に心骨をささげた人たちであった。「国見」をした人々の意図は、軍事的拠点を作ることであったが、入植した人々は実際には農業に従事し地域を作っていった。そのため、兵力として当てにされなかった。役人が「国見」を通じて考えた軍事的意図は、ここで実現してる訳ではない。このことを考えれば、「軍都」という伝統は、後から逸脱するいくつかの出来事を塗りこめることで可能になる表現であることが分かる。つまり、「国見」と農業・地域の開拓、そして師団の編成は、決して因果関係を持って連なっていないのだ。

「現在の関心から」歴史を叙述しようとすると、伝統の断絶を想像しにくくする。なぜなら、「現在の」関心は、軍都・旭川を商業的にプロモーションすることであり、「国見」から連なる歴史事件の順番を、「軍都」としてほころびなく時系列に従って並べることであるためだ。つまり、歴史叙述は、「現在の関心から」生まれるために、「いまここ」でこの地の歴史を、後付けで「軍都」の伝統として継承することも可能にするし、そうでない伝統を考えることも可能にするのだ。どのような伝統にするのかを決めるのは、まずここに住んでいる人たちだ。旅行者にできることは、この街の伝統のでき方を、外部の異なる視点から提示することでしかない。

旅の目的地としての図書館

旅をするにあたり何を情報源とするかは、かなり大切なことである。ＪＲ駅などにあるインフォメーションを利用するのも一つの手であるが、一番重要な場所がある。公立図書館だ。公立図書館はどの街にもあるし、交通の要所であるとかミュージアムや学校などがひしめく文教地区にあることが多い。ミュージアムやＰＲ館で、疑問に感じたことがあれば、その近くにある公立図書館を利用するのがよいだろう。多くの疑問は解消されるに違いない。たとえ解消されなくとも、その周辺の事情が分かったり、その疑問をさらに深めるような事柄に出くわすことが多い。旅において、公立図書館は立ち寄るべきもう一つの目的地なのだ。

旅の途中で図書館に寄ることなど、考えたこともない方がほとんどであろう。そもそも、図書館とは自分の住む街にあるものであって、旅の途中で寄るべき所とは考えられていないためである。しかし、果たしてそうであろうか。もし、旅に出ることが自分が出会ったこともないようなものを新しく発見することであるならば、旅先で出会ったものや歴史などについて、さらに詳しく教えてくれる場所として図書館ほど適切なところはない。それにも関わらず、図書館を旅の目的地として考えないのは、現在の旅の多くが、お金を使う消費と深く結びついていることと無関係ではないだろう。

まず、公立図書館は無料で休むスペースが提供されている。疲れた時、コーヒーショップに寄ることも否定しないが、無料に勝るものはない。給水器の水は、いつも冷たくおいしい上に、自動販売機なども設置されており、ショップに行くよりも、廉価でジュースを飲むこともできる。コーヒーショップとは違い、気の利いたBGMは流れていないが、森の中の図書館であれば、小鳥のさえずりや柔らかな日差しが旅で疲れた身体を癒してくれることだろう。

さらに重要なことに、地元の地方新聞にも無料で目を通すことができるし、地元の人しか行かないようなイベント情報も得ることができる。地方紙は駅近辺にあるインフォメーションと並び、重要な情報源なのだ。また、地方紙のデータベースも無料でアクセスできるようになっており、その気になれば検索して、読むこともできる。例えば、私は、「軍都・旭川」ということばが、どのあたりから使用されたのか興味を覚えたため、『旭川新聞』のデータベースをいじってみた。この新聞はすでに廃刊になったが、『北海道新聞』に吸収されたために記事はデータベースにまだ残っている。

見出しに、「軍都・旭川」が入っている記事はたくさんあったが、目を引いたのは「満州事変記念国防博覧会」なるイベントが、旭川で開催されることを伝える記事であった。記事の見出しが、「非常時日本の豪華　愈よけふ（「いよいよ今日」）幕落つ　北の鎮・軍都旭川に」とある（昭和八年八月一日）。満州事変から二年後、国防を理由にした軍事増強の重要性を訴える大きなイベントが旭川で開催されたのだ。この記事によれば、「空を狙ふ陸奥艦上に大高射砲、闇を照らす探照燈など今や国防博の遠望はその眼前に展開された」とあり、さながら軍事パレードの様相を呈している。しかも、夜になれば「イルミネーション」に照らされ、「景気を添える」とあるのだから、軍都・旭川は、まさに国防を担う師団により、地元の産業構造に不可欠な存在であることもうかがい知れる。そもそも、その記事の真下の欄では、旭川の商工会議所の長が、祝辞を述べている。「北海道で初めての」国防博覧会であることや、「最新鋭の武器などが展示されている」ことを誇っている祝辞で、この博覧会の「後援を切望して止まない」とある。

また、この博覧会会場が、常盤公園という、現在の図書館や美術館のある公園の中であったことも記されている。自分が今まさに、その図書館の敷地内で、この記事を見つけたのである。少しの感動を覚えて、窓の外に目をやると、この敷地内でこのような軍事パレードさながらの博覧会が催されたことが、妙に現実感を持ってくる。街の中心部にある公園であるために、人々が集まる広場の役割も担っていただろうし、それ故に博覧会会場になったのだろう。そして、その後図書館も美術館もここに建設されたのだ。博覧会などの催し物会場は、現在も何らかの形で引き継がれ、現在は美術館が立っている。東京の上野も同様だ。

さらに、図書館には、その地域の歴史や地理、文化などを記した郷土の本がたくさんある。旅行者であるために、借りることなどはできないが、郷土史家などが書いた本は、そこで生活を営む人々による視点が盛り込まれ、研究者にはない視点が盛り込まれていて、なかなか楽しい。また、行政主導で、その土地の歴史を綴った郷土史なるものが編纂されており、これを利用しない手はない。郷土史は、古い新聞のデータベースで見つかる記事内容ほど詳細ではないが、概要をつかむのに適している。しかし、これは行政からの目線であることを忘れてはならない。

図書館では、無料でここまで楽しめてしまうのだ。私は自分が見つけた記事のコピーを取り、旅の土産とした。一枚十円。その記事には、博覧会場の写真も掲載されており、白黒ではあるが、軍事パレードのための凱旋門も作られたことも伺い知ることができ、満州事変以後、旭川が軍都へと益々染まっていく様子が分かる。

ミュージアムが「(観光の)目的地」であるなら、図書館はそれを強力に補う別の目的地である。図書館は様々なものが無料かそれに近い料金設定をしているために経済的である上に、その地域を知ろうとする旅をしている人間を強力にサポートしてくれる。公立図書館を通常は旅の「目的地」として考慮に入れないかもしれないが、是非騙されたと思って立ち寄ることを考えてほしい。具体的には、旅のプランを立てる時、半日だけ図書館に行く予定を入れておくのはどうだろうか。あなたの旅は大きく変わる。ただし、月曜休みが多いので注意。

フィールド・ワークからホーム・ワークへ

旭川には屯田兵村の家屋の展示をしているところが、すでに言及した東旭川の兵村記念館と旭川市博物館の二か所にある。家屋の内部のレプリカを前にして気が付いたことがある。

北の大地にいながら、家屋の展示は私を懐かしい気持ちにさせる。旭川のものだけでなく、札幌の琴似に展示されていた家屋も同様であった。その構造は、自分が子供のころ親戚の家に行った折にいつも見ていたものであり、郷愁を覚えてしまうのだ。その家屋には、玄関と一体化した土間があった。

私の記憶の中の土間には、いろんなものが置いてあった。バイクや自転車、火鉢や水槽、子供の縄跳びや保存用の食料を入れる甕《かめ》などである。土間は、そのまま台所やお風呂ともつながっていた。台所にはすのこが敷いてあり、水はけがよくなっていた。そして、部屋に行くには、土間で靴を脱いで一段上がった部屋に上がる構造である。そして、部屋と部屋を仕切るのは、障子やふすまであり、その上部には欄間《らんま》があった。

屯田兵村の家屋を懐かしく感じてしまうのは、日本では、すでに土間のある構造を持った家屋がほとんどなくなってしまったからであろう。私の記憶の中の土間のあった家もすでに建て替えられてしまい、昔の面影などはない。特に、狭い土地に建設される都会の家は、土間などの場所を設ける余裕はない。

土間のある家は寒い。欄間を始め、いろんなところに隙間があり、完全に外気を締め出すと言うよりは、空気が家の中をスースーと行き来する。屯田兵村の家屋にも、土間が設けられており、かなり寒かったのではないかと推察される。旭川市博物館の展示では、アイヌの伝統的住居、チセの展示の後に屯田兵村の展示があるのだが、そこではチセが屯田兵村の家屋よりも暖かかったことが記されている。それほど、昔の日本の家屋は、防寒ができていなかったのだ。

現在の北海道では、土間はすでになくなったのではないかと思う。暖かい空気を外に逃がさないために、空気を完全に密閉するアルミサッシが、発明されたためだ。アルミサッシが住宅に取り入れられたために、日本の家屋は格段に温かくなった。ましてや北海道であれば、アルミサッシは救世主のように扱われたことだろう。それに伴い、土間や欄間などが日本家屋から消滅していった。その結果、日本の家は、一九七〇年代以後、大きな変化を経験したことになる。

その変化とは、靴や履物の使い方や家の中での視点の置き方、そして家屋での座り方などである。土間がある時代は、土間から上がったところに畳が敷いてあり、それが部屋であった。土間で靴や履物を脱がないことには、部屋には入ることができないし、部屋といえば畳敷きの部屋のことを指していた。畳の部屋では、当たり前だとは思うが、畳の上に座る。畳の上に座れば、自分の目線が低くなる。自分の目線が低いと、必然的に天井との距離が大きくなり天井が高くなる。そうすると、部屋が広く見えるようになる。また、畳の部屋には、今のように多くの家具を置かないので広く感じたものだ。

一方、現代の家屋では、まず玄関で靴を脱ぎ、低い段があって、そこをちょいと一段登る。部屋に行くには、フローリングの廊下を歩き、ドアを開けてダイニングなりリビングなり別の部屋に入るという具合である。ダイニングやリビングは、基本フローリングである。そのため、住人は立ってその部屋に入り、テーブルなりソファーに腰掛けることになる。ここでは、人々の目線は必然的に昔の家よりも高くなる。しかも、テーブルやソファーなどの存在感のある家具が置いてあって、部屋も狭く感じることになる。日本の家屋は、昔に比べて天井が高くなった訳ではないので、昔の家屋の目線を覚えている人間は、最近の家屋の構造に狭さを感じてしまうのだ。

それでいて、現在の家屋は、畳の部屋もあったりする。どの家でも、一部屋くらいは畳の部屋を持っているのではないだろうか。となると、畳とフローリングの部屋の間を移動すると目線の高低が変化することになる。フローリングの部屋では椅子やソファーに座った高さの目線、畳の部屋では畳に座った目線というように、部屋ごとに異なる目線が要求されるのだ。それに加え、屋内での履物の使い分けも複雑になった。フローリングの部屋ではスリッパ、畳の部屋ではそれを脱ぐ、といった具合である。現在の日本の家屋は、一つの家の中で、二つの異なる使い方の部屋を持つため、スリッパを履いたり脱いだりするのだ。なんとも落ち着かない気持ちになったりするのは私だけではないだろう。

私は屯田兵村の家屋をみて、普段から感じていた落ち着かなさに合点がいった。サッシが発明されたのが戦後であることを考えれば、日本人の家は、現在大きな変化を遂げ、もしかしたらまだ変化の途上であるかもしれないのだ。もし、視線が部屋ごとに変わることや、スリッパの着脱に面倒くささを感じないなら、このまま定着するかもしれない。しかし畳を維持するのは大変なコストがかかるため、そのうち畳の部屋は完全になくなっていくのかもしれない。近所の畳屋が以前そんなことを漏らしていた。

私は北海道に来るときは、当たり前といえば当たり前だが大抵ホテルに泊まる。みなさんもホテルに泊まると気が付くと思うが、部屋の入口のところにスリッパが置いてあり、靴を脱ぐことを促される。しかし、そもそもホテルの部屋には玄関はないため、靴を脱ぐための場所がないのだ。一方、アメリカ人を始めとする西洋人たちはホテルの部屋では、なかなか靴を脱がない。脱いだとしても、ベッドの近くで脱いで、あとは裸足で部屋を闊歩したりする。日本の家で育った人間は、部屋の入り口で玄関もないのに靴を脱ぐことが多い。育った社会の玄関の役割が違うために、ホテルの部屋の使い方も異なるのだ。

また、多くの都会のホテルの部屋には窓があっても隣のビルに面していて、空けても意味がないことが多い。もちろん、見晴らしのよい部屋を予約できるほどお金に余裕があれば別だが、大抵の街中のホテルは、外が見えるわけではない。アルミサッシと空調のおかげで、窓が不要になったとも言えるだろう。このような部屋では、私は、窓をどうやって考えたらいいのか分からなくなる。

明治維新以後の日本の近代化は、私たちの生活に大きな変化をもたらした。自分たちが暮らしを営む住居にまで大きな変化をもたらしたのだ。しかも、その変化はどうも場当たり的であったかの印象をぬぐうことができない。気密性に富むサッシが発明されたから土間をなくしたとか、フローリングの部屋がオシャレだから部屋での目線が変化したとか、畳の値段が高いから一部屋だけにしたなど、その場その場の都合で何かをそぎ取ったり、付け加えてきただけなのだ。そこでは、どのような家や部屋が自分たちにとって心地よいものなのか、どのような家屋の構造がこの気候や風土に適しているのかとか、何がこの文化における住居の伝統なのか、などという議論は全くされることもなく、それぞれの家が、その時々の都合だけで変化してきただけのような気がしてならない。[注7]

このように、旭川にまで来て、日本の住まいのあり方に考えが及ぶことになった。旅は、旅先の文化や歴史だけでなく、自分を取り巻く文化や歴史の姿を、突然、見せつけてくることがある。フィールド（旅）に出たのに、ホーム（家）のことを考えざるを得なくなってしまうのだ。

近代ミュージアムとしての北鎮記念館

北鎮記念館の面白さは、勇ましい軍国主義の展示や、旧七師団と自衛隊との連続史観だけにあるわけではない。ここでは、近代ミュージアムの特徴を、思う存分味わうこともできる。そもそも、これは自衛隊のPRセンターであり、近代ミュージアムではないという議論も可能だ。しかし、この館には、一人ひとりが主体的に何かを考えることを可能にする、近代ミュージアムに固有の特徴もある。それは、この館がたまたまそのようなものを備えたというわけではなく、何かを地域に向かって展示する近代ミュージアムが求める特徴を備えるようになったためである。

北鎮記念館は、旧日本陸軍の歴史を奏でるのに加え、地域の歴史も語らざるを得ない。もし、この施設が国家からの上意下達的な歴史観による、一方的な思想や歴史観の注入のためだけにあるならば、それは近代ミュージアムということにはならず、前近代的ミュージアムということになるだろう。国家の視点だけが一方的に語られるため、そこには一人ひとりの声が反映されないからだ。一方、市民革命を経た後の市民社会において、ミュージアムでは何らかのかたちで、その中身が人々に開かれ、それらが（王侯・貴族のものではなく）人々のものであることの実感を伴わなくてはならない。これが、ミュージアムの近代における民主化だ。北鎮記念館は、具体的にどのように、その実感を人々の心の中に生み出しているのだろうか。

地域の歴史に言及する北鎮記念館の展示は、旭川出身の軍人たち、またはその遺族からの遺品などの寄贈により成り立っている。リニューアルし、その点数は減ったのだが、やはり地元の旧師団出身者たちの功績を顕彰する思いにあふれたものが多い。彼らが獲得した勲章や日用品、千人針や写真の数々は故人

注7　林は、どんな住宅においても和室がしつらえてあることに対して、根源的な違和感を表明している（二〇一一年、九一頁）。この理由に関して、建築家であり都市計画の専門家である渡辺は、日本家屋では「ユカ座生活」と「イス座生活」が混在していることを挙げている。建築家・隈によれば、日本家屋を作る時と西洋建築を作る時では考え方が「まったく違う」とのことで、そこで生じる身体感覚に大きな影響を与えることになったとのことだ（二〇一二年、一三七頁）。同じように、建築家・水越も、日本家屋は、戦後高度経済成長期に急激な変化が起こり、それに建築様式や屋内の空間配置などに一貫性を持たせることに対応ができず、住宅内の動線に「ゆがみが生じることになった」と分析している（二〇一〇年、一六〜一九頁）。

や遺族に属していたものが、このスペースに置かれることで、やはり地域の人たちに向かって何らかの説得力を持とうとする。これらの品々は、この地域の人々が戦地に軍人として実際に赴いたという歴史の証人であるため、地域の人々の思いのようなものを喚起させざるを得ないのだ。

近代ミュージアムは、国家の物語を奏でる一方、地域に向かっても展示しなくてはならない。実際、ここに来る人は国家からの視点のみに包摂されない、地域の人々の視点におもねる展示に出会ったりする。

旭川の友人タカヤさんと一緒に展示を観た時に、彼が指摘してくれたことが面白かった。なんとこの師団の師団長であった渡辺錠太郎が、二・二六事件の展示のところで言及されていたのだ。なぜ、彼への言及が興味深いのかと言えば、渡辺が二・二六事件で青年将校らに射殺された人物だったためだ。軍部による暴走が、その後の軍国主義を推し進めたのであれば、軍国主義的視点を持つ北鎮記念館は軍部の視点から二・二六事件を記述するのが妥当なところであろう。実際、日中戦争がはじまり、多くの旭川出身者たちが中国大陸などに赴いたことは誇らしい出来事として展示されている。これを考えれば、軍部の視点から一貫して軍国主義礼賛の展示になってもおかしくない。一方、渡辺は靖国神社で合祀もされていない人物である。これを考えれば、彼に言及する展示は、（国家の）軍国主義の視点からではなく、旭川という地域の視点を反映した展示内容ということになる。

地域の視点を取り入れると、国家の歴史をそのまま無条件に展示することは不可能になり、その内容は矛盾を抱えることになる。ここで表出する矛盾を、ビジターも含め地域の人々は考えざるを得ない。ここでの矛盾は、「国家の視点も大切だが、地域の視点も大切だ。靖国に合祀されない渡辺の存在は旭川では必須だ。このような（国家と地域の）矛盾を引き起すのが戦争なのだ」という省察を人々から引き出そうとする。このような省察は、ビジターの一人ひとりが導きだすことになるため、まさに人間一人ひとりが思考の主体となる機会を提供していることになる。もし、トップダウンの軍国主義的施設であれば、このような省察を引き出すことはない。このように人間が自らの思考を働かせる機会を提供するのが、人間の思考を中心に据える近代ミュージアムなのだ。

近代ミュージアムは、展示する側の意図と、展示を受け止める側の解釈が、必然的に齟齬をきたす場所である。そして、そのことが、あらかじめ織り込まれている場所でもある。なぜなら、意図した通りの内容が、そのまま受け止められるというトップダウンの構図は、抑圧として考えられるため、近代市民革命を経た社会では避けられるためである。したがって、近代ミュージアムは、固有に、意図と解釈の間に齟齬が生み出され、その齟齬を、ビジターを始めとする人々が引き受け、何らかの判断を一人ひとりが下す場所となったのだ。

逆に考えれば、近代ミュージアムに固有に生じる齟齬を引き受ける人間の存在をあらかじめ想定しているのが、近代ミュージアムということにもなる。一人ひとりの人間が、思考の主体となることがあらかじめ担保されていることが、近代ミュージアムの条件と言ってもいいだろう（Bennett 一九九五年）。この意味で、軍国主義的色彩が濃いとはいえ、北鎮記念館は近代ミュージアムとしての性質が備わっている。

一方、この施設が近代ミュージアムでないことの理由は、これが軍国主義的展示を持ち、それをPRすることを目的とするためである。特に、二〇一六年夏、安保法制が国会で可決された後、この施設は、さらに積極的に新しい自衛隊員をリクルートする役割を担ってゆくだろう。自衛隊員が命を落とすリスクに言及せず、広告・宣伝の中に埋没させることは、決して人間中心的とは言えない。齟齬を生み出し、それを人々に引き受けさせるのが近代ミュージアムであるにもかかわらず、齟齬が見えなくなる可能性が高い。したがって、この施設は、ＰＲ（＝広報）という目的を積極的に遂行するために、近代ミュージアムではなくなる可能性もある。

さて、ここで問題にしたいのは、ＰＲということばの意味である。辞書などで引くと、「Public Relations」とあるが、このような施設は、「プロモーション（Promotion）」の意味を強く担っていると感じる。「promotion」とは、販売促進活動などの意味で使われることばであるが、日本語の「ＰＲ」ということばには、一方的に何かを宣伝する意味の方が強い。この意味で、北鎮記念館は、旧師団や自衛隊の好感度を上げ、新人をリクルートすることを目的とするＰＲ（＝プロモーション）施設なのだ。一方、本来の英語の意味である、「Public Relations」は、ミュージアムの文脈でいえば、ミュージアムを取り巻くいろいろな機関や地域、ビジターなどのステークホルダーとの関係をしっかりと持つことを指す。どちらが上でも下でもなく、広く開かれた施設として、何ものも排除することない関係を持つことに努める。これが、本来の「ＰＲ」ということばに課された意味ではないだろうか。

北鎮記念館には、様々な否定的な評価が寄せられてきたが、それを押さえつけ黙らせるのではなく、開かれた議論の場を持たせてゆくことが、本来のＰＲ（Public Relations）館の目的であろう。北鎮記念館に入ると、館長を始めとする自衛官・広報担当の方たちが展示の解説をしてくれる。ここを訪れる人々がフランクに彼らと意見を交わすと、自衛隊員が何を考えているのかよく分かって面白い。もしかしたら、このような会話を通じて、新しい歴史解釈やハプニングが、この施設で生まれるかもしれない。まずは、渡辺錠太郎について議論してみるのが良いだろう。そうしたら、本来の意味でのＰＲ活動が促進されることもあるかもしれない。近代ミュージアムの展示は、いったい誰のためにあるのか、もっと議論を深めた方が良いだろう。

旭川市博物館展示の中の「ペニウンクル」とは

ミュージアムは、その地域の歴史、地理、社会、風土などを手っ取り早く教えてくれるから、非常に便利だ。それでも、展示されている内容は重量級であるため、気軽に足を運びにくいのも事実だ。ミュージアムには専門の学芸員がおり、様々なものが収集・保存され、そのうちの一部が選ばれ、渾身の力が込められ展示される。展示には訪れる人たちが興味を持ちやすいように、様々な工夫がこらされている。

ミュージアムは、まず地元の人のためにあるため、基本的に地域色は豊かである。これを考えれば、旅に出るならミュージアムに足を運ぶべきであろう。限られたスペースにできるだけ多くのものを詰め込むので、ダイジェストのようでもある。多くの場合、地元の小中学生たちが「総合学習の時間」などを利用して、地域のことを学ぶことになっている。ミュージアムの展示を見れば、地元の子供たちと似たような目線で、その地域を見ることができるのだ。何がランドマーク的な存在で、そこに人々がどのような愛着を寄せているのかまで分かるようになる。また、最近では、「道の駅」に隣接していることも多く、地場の食材などを物色するにも事欠かない。

こんなことを考えるきっかけになったのは、旭川市博物館という、コンサートホールなどと一体になった施設を訪れたことであった。始めて旭川に行った時から、この施設には何度も足を運び、相当お世話になっている。ここでは、私が初めて行った時の感想を含めて、地域の公立ミュージアムの在り方について書いてみたい。

現在のこの施設の展示は、二〇〇八年にリニューアルしたもので、ここでまず私が書こうとするのは、それ以前の展示についてである。リニューアルする前と、その後の違いも記しておくので、ここに来る折には、そのあたりにも着目してもらいたい。

ここに初めて来たのは、二〇〇三年であった。すでに記したが、そもそも私が旭川に来てみたいと思ったのは、兵村記念館や自衛隊のPR館に興味を寄せたからだ。この地の誉であり続けた、第七師団とその後の自衛隊の歴史展示だけを見るわけにもいかず、もう少し広い歴史的文脈を知りたいと思った。この意味で旭川市博物館に向かったのであった。ここに来れば、先住の民族であるアイヌのことも分かるのではないか、もしかしたら地域のアイヌ・コミュニティとつながる手がかりもあるのではないかと踏んだためであった。

わくわくしてこの館の中に入った。私は、本来、本だけを読んで何かの知識を吸収するタイプではなく、ものを見たり触れたり人に会って話を聞いたりして、知識を自分のものにするタイプであるため、ミュージアムという施設・機関は本当にありがたい。それでも、いきなり「もの」だけを眺めても、すぐに何かが分かるようになるわけもなく、最初は展示テキストに頼ることになる。原始的な方法であるが、例えば「アイヌ」について知りたければ「アイヌ」という文字を探すことになる。

しかし、この館の中に入って「アイヌ」の文字を探すのだが、なかなかそのことばに出会うことができなかったのだ。この館は、自然史博物館と歴史博物館と人類学博物館が合わさった施設であるために、当然「アイヌ」ということばに言及があるものだと思っていた。この展示で、初めて「アイヌ」への言及がなされるのは、（順路に従うなら）明治も三十年代になってからの、後ろの方の展示においてであった。第七師団がこの地にやってきて、彼らが土地を追われるあたりからであった。それ以前の歴史展示の始まりの方の順路においては、「アイヌ」ということばは使用されず、代わりに「ペニウンクル」なることばが使用されるだけであった。そして、館内ではこのことばの説明もなかった。

私は、このことばが何を指しどのような意味を持っているのか、当初全く分からなかった。「もしかしたら、『ペニウンクル』って、この地独特の先住の民で、旭川にはアイヌではなく『ペニウンクル』が住んでいたのかもしれない」とさえ思った。この国の先住民族問題に、全く疎かったといってもいいだろう。

とにかく、「ペニウンクル」について何も知らないまま展示を見ることになった。この館には、当時「河野コレクション」と銘打った展示があり、そこに、この地の先住の民が使用したと思われる衣服であるとか、日々使用された品々が展示されていた。衣服は、正確にはなんと表記されていたのか正確に覚えてはいないが、多分「アットゥシ」と記されていた。その他にも、「イクパスィ」や「マキリ」もあったように記憶している。今考えれば、「河野コレクション」とは、アイヌが使用していた様々な品々を、日本人研究者が集めたものであることは分かるのだが、当時の私は、それが何を意味しているのかさっぱり分からなかった。そもそも、展示の中に「アイヌ」ということばが使用されていなかったのも謎であった。もしかしたら、これらの品々は「ペニウンクル」の「もの」なのかもしれない、と考えたのだが、それらが「ペニウンクル」の「もの」だとも書いていない。「河野コレクション」が河野氏の所有物であったことだけが、そこで得られた情報だったのだ。

「他者」を知ろうとすると出会ってしまう「自分」とは

後で、この館の学芸員の方から聞いたのだが、「ペニウンクル」というのは、和人・日本人が「アイヌ」を呼んだ名称で、「川上の人」を意味するアイヌ語なのだそうだ。この方が、この博物館勤務になった時、「ああ、アイヌってことばは、博物館でもタブーなんだ」と感じたそうだ。

そういえば、前にも同じようなことを聞いたことがあった。アイヌ音楽を現代的なアレンジで演奏する人がした話だ。彼女は「アイヌ」と言うことばに怯えていたことがあるそうだ。つい自分が名指されているように思ってしまい、このことばがクラスのみんなの口をついてでやしないか、いつもびくびくしていたそうだ。社会の時間でも、「アイヌ」ということばが出てくる単元までの日を計算して、その日がくるのが嫌で嫌でたまらなかったとのことである。

「アイヌ協会」という、アイヌの民族団体があるのだが、ほんのつい数年前までは、「ウタリ協会」といった(二〇〇八年に改名)。これも、「アイヌ」ということばが、日本社会ではあまりにも差別意識に満ちた意味で使用されてきたため、仲間とか同僚を表す「ウタリ」ということばが採用されたのだ。確かに、このことばは北海道では相当ネガティヴに使用されたようである。サハリンに行った時も、梁さんが「アイヌは、アイヌっこ」と発言し、ちょっと驚いたことがあった。アイヌは同化してしまって(「あいのこ」)、すでにいない、という意味で使用されていたようである。日本人として教育を受け、日本のこどもに囲まれて育った梁さんが、日本人がアイヌに対して持っていた思考様式やステレオタイプを、そのことばと共に使用したためであった。

さて、「ペニウンクル」にしても「アイヌ」にしても、人を名指すことばの持つ意味を知るにつけ、複雑な気持ちになる。というのも、「ペニウンクル」というのは、アイヌ語なのだが、和人・日本人による命名であり、そもそも彼らの自称ではないのだ。また、「アイヌ」ということばも、今でこそ、民族名として定着したのだが、彼らのことばの中では、それは「人間」を表すことばである。彼らの信仰の体系の中で、カムイ（神様）に対応する「人間（アイヌ）」という意味なのだ。ということは、「アイヌ」ということばは、民族名ですらない。

このことは、なかなか衝撃的である。「アイヌ」ということばが、もし民族名であるなら、「日本人」という属性と呼応するものになるが、元々は「アイヌ」は民族名ですらなかったし、彼らも忌避してきた名前であった。つまり、「アイヌ」ということばは、日本人・和人が民族名として与えてきた名称であり、それがあまりに広く使用されたために、地域の中で忌避された意味を持つ名称さえも、民族名として浸透・定着されたことになる。さて、「アイヌ」とか「ペニウンクル」と名指された人たちは、いったいどのような人々なのだろうか。

こんなことを考えるようになってから、そもそも「日本人」という民族名も、相当にあやしいと思うようになった。中学生になった息子の日本史の教科書を読んでいた時のことである。桓武天皇による平安京遷都という出来事とほぼ一緒に記述されている出来事が、坂上田村麻呂を征夷大将軍に任命し蝦夷を討伐させたことである。ここでの「蝦夷」とは「えみし」と読むそうだが、手短に言えば蛮族を表すことばである。この当時は、東北も含む東日本がどのようになっているのか、朝廷側の人間にはあまり分かっていなかったのだそうだ。朝廷からみて、西日本が政治文化の中心であったためだ。

しかし、「蝦夷」と名指された地域の人々の視点で歴史を書いてみたらどうなるのだろうか。当時は、蛮族扱いだったとのことだが、その地域は関東から東北、そして北海道やサハリン、シベリアまで広がり、朝廷側の守備範囲ではなかったわけだ。となると、ここに二つの斬新な歴史叙述の可能性が生まれることになる。

第一に、蝦夷の視点から歴史を語る必要がある、ということである。その地域の一部は今は日本の領土の内側にあるため、日本史の対象とすべきである。それにもかかわらず、その当時「蛮族」として呼んだことに起因するのか、日本史の対象とはなっていない。また西日本で使用されたことばも、大陸文化の影響が強かったので、もしかしたら中国語や朝鮮語、またはそれらとのチャンポンになったことばが使用されていたのかもしれない。そして、まして「蝦夷」と言われた地域に関しては、どのようなことばが使われていたのかも記されていないのだ。

第二に、「日本」という国家は、まだ存在していなかったという視点から、歴史を書きなおす方法である。中国や朝鮮半島の「くに」が、大和朝廷を指して「倭の国」と呼んだことから「国のかたち」を読み込もうとしているが、現在の日本の地理認識からすれば、東半分がごっそりと抜け落ちているのだ。これが朝廷史観である。[注8] 実際、奥州藤原氏は「アイヌ」だった、という議論もある。梅原猛によると、奥州藤原氏による埋葬の方法はアイヌの方法と同じなのだ。平泉から発掘された骨が「日本人」であるとの見解が戦後直後（一九五〇年）に出されたのは、サンフランシスコ講和条約前後の時期にありがちな極めて政治的な作用であったことも指摘されている（梅原 一九九四年、五八～六〇頁）。

上に記した二つの歴史叙述の可能性は、日本史のあり方や基盤となる考え方に、ゆらぎを生じさせるだろう。「日本史」と名指される体系的な歴史叙述があるのだが、それは果たして本当の「日本史」なのかという疑問と、「日本史」としてくくられる過去の集積、つまり歴史の中には、「蝦夷」や「アイヌ」と呼ばれる民族集団群による、全く別の過去が存在するため、複数になる可能性が大なのだ。現在の「日本史」は、あくまでも朝廷からみた視点によって記述されている上に、天皇の系譜を「日本」の歴史にすり合わせる歴史叙述の方法でしかない。

「アイヌ」にしろ、「ペニウンクル」にせよ「蝦夷」にせよ、それらの名称が、そのことばが囲い込む意

注8　ここで私が記した朝廷史観とは、赤坂憲雄による日本史の解体方法にも呼応している。赤坂によれば、日本という国家へと投影される自画像や歴史観は、畿内の天皇や豪族の視点を中心に投影されてきた。これは、大陸・中華文明への憧憬とコンプレックスによって裏打ちされるために、東北や蝦夷は辺境として位置づけられてきたのだ。これが、「ヤマト中心史観」である（二〇〇二年）。この「ヤマト中心史観」は、日本列島全体への統一に向かう欲望によって裏書されているため、「畿内限定の地域史かつ政治史にすぎない」という赤坂の指摘は正鵠を得ている（赤坂 二〇〇二年、一二頁）。

これに加え、文字を持つ中華文明の影響下にあるヤマト中心史観は、他の文明の存在をなきもの、よくても「蛮族」として辺境を認識するに過ぎない。このように、歴史叙述が生まれる条件を加味して東北をみれば、東北は「北のボカシ」として浮上する（赤坂 二〇〇二年、二六頁）。具体的には、「北の縄文やアイヌに繋がる東北」と「西の弥生やヤマトに繋がる東北」という「二つの貌」が併存し、そのどちらにも排他的に領有させることもできない「ボカシ」の部分があるため、それぞれが内から越境せざるを得ないのだ（赤坂 二〇〇二年、二七〜二八頁）。

赤坂だけでなく、網野による日本史を解体しようとする方法・視点も優れている。そもそも、戦後歴史学は、網野が指摘するように、「日本そのものについて真に歴史的にとらえようとする視点をまったく持つことなく、なんとなくきわめて古い時代から、天から降ってきたように『日本』が存在したという漠然たる捉え方にとどまった」（二〇〇〇年、三三六頁）という網野の指摘には驚かされると同時に、国家の力や作用というものが絶大であることを実感できもする。そのため、どうしてもヤマト中心史観が幾度となく「日本」を生み出すための担保のように利用され、「なんとなく」日本なるものがぽっかりと姿を現すようになったのだ。

味の円周の中にきっちりと囲うことなどできないような、もっと多様な内実があるに違いない。大和朝廷からみて、現在「東北」と呼ばれる地域には、蝦夷《えぞ》もいるし蝦夷《えみし》もいるし「アイヌ」もいるし「ヴィルタ」だっている。もしかしたら、「またぎ」だっているのだ。そもそも、これらの命名は、本人たちが民族名を表現するために命名したものではないため、本当の民族の名前だって不明である。それは、学術としての民族学が明治時代以後に導入され、民族名を付けることに腐心した結果であろうし、同時期、この国が近代国民国家を作ろうとしたことで、自分たちに与える民族名「日本人」を自分たちが欲した結果であるためだ。いずれにせよ、「アイヌ」「ペニウンクル」「日本人」などの民族名称は、近代社会（明治維新が作り上げた社会のこと）が誕生した後に想像・創造されたものであり、これらの命名行為が引き連れてくる、民族観であったりもする。

「アイヌ」のことを知ろうとして、ミュージアムに入ったのだが、結局、「日本人」が考える「民族」についての視点が露わになってしまった。結局、「他者」を知ろうとすることは、自分の立つ地平をまず掘り起し、それを解体していくことからしか始まらない。「他者」と出会うこととは、まず「自分」と出会うことでしかないのだ

「物質文化」とは誰のためにあるのか

旭川市博物館は、二〇〇七年から約一年かけて展示のリニューアルを経て、二〇〇八年の十一月に新しい展示を公開した。このリニューアルは、実は天地がひっくり返るほどの大きな変化を遂げたものであ

った。もしかしたら、そのように思ったのは私だけだったかもしれない。というのも、このリニューアルには、各方面から絶賛の嵐が吹きあがると思ったのだが、それ程の反応がなかったのだ。これは残念なことであった。この理由を考えたのだが、そこには様々な複雑な問題があり、一つに集約できないものがある。その複雑な部分は、また後の方でかいつまんで書きたい。ここでは、このリニューアル展示が賞賛を受けてしかるべきポイントをいくつか挙げてみたい。

まず、このリニューアルにおいて、この博物館は「アイヌ・ミュージアム」として大きな変化を遂げた。これはアイヌに関係する展示が前面に出たということだが、この館はアイヌとの関係を非常に大切にしている内実が伴ったアイヌ・ミュージアムとなったのだ。実際、このリニューアルの十数年前から、この博物館はアイヌの学芸員を迎え入れた。このリニューアルにおいては、これまでの旧態依然としたアイヌにとっての抑圧的な展示は影をひそめ、この学芸員の発想を最大限に生かそうとしていることが展示から伝わってくる。

従来の日本のミュージアムは、日本人の学芸員が日本の学術体系を基盤にして展示を作ってきた。したがって、アイヌの声を取り込む意気込みを持っても、やはり学術的な方法を優先するために、アイヌにとって心地のよいものにはなってこなかった。というより、これは学術だけの問題ではなく、何かを見せるという行為に固有の構造によるものだ。ミュージアムという何かを見せる場所で、本人でもない人間が、他の人間の生き様のようなものを、余すところなく見せようとするのは、不条理を超えたもっと破廉恥なことにもつながる。何かを見せることは、本人たちの承諾を得ない限り相当難しいことであるし、承諾を得たとしても最後まで相談をしながら進めていくべきものだ。そして、最も良い方法は、本人たち自身が自分たちのために見せるのが一番だ。そして、そこでは見せないチョイスだってあるはずだ。

この博物館が「アイヌ・ミュージアム」となったことで、目に見えて変化したのは、それまで当事者たちが口に出すのもはばかれた「アイヌ」ということばが、堂々と使用されたことである。「ペニウンクル」ということばが使われた頃の名残は、リニューアルされなかった下の階の展示でみることができるので、そこでご覧いただきたい。そして、「アイヌ・ミュージアム」となったことで、「河野コレクション」という名称もなくなったことも注目に値する。日本人研究者による、所有物としての「コレクション」扱いは、どうしても学術やミュージアムが植民地支配に共犯的であることを露呈させてしまっている。しかし、今回はアイヌの学芸員が自らの手で展示を書き換えたのだ。これが、天地がひっくり返るほどの大きな変化のことである。

ビジターにとり最も印象深いところは、まず最初の導入部の展示であろう。ここでの展示は、アイヌの精神世界を表現した意欲作であり、本当に難しいことにチャレンジしたと感心する。照明を落とし、展示物にスポットライトを当てた展示は、「もの」に対する感謝の気持ちを忘れないアイヌの「送り」を展示している（写真2）。

プラスチックでできたオルゴールメリーに動物の頭骨が供えられた展示は、最初は何のことなのか分からない。しかし、それが「送り」であることが分かれば、子供を育てるために大切に使われた「もの」に、人がたましいまでを読み込み、それを山に送るという宗教的・精神的なものであることが分かる。そこには子供をいつくしみ育てようとする親の気持ちと、山からの贈り物を感謝する気持ちが、しみじみと伝わってくる。まさしく「精神世界」が、ここで表現されているのだ。

目に見えない、かたちのないものが、精神世界、精神文化である。それは、極めて個人的でありつつ、広く緩やかに共有されているものでもある。そもそも、個々人が一人ひとり異なる中で、全く同じ精神世界、精神文化が共有されていたら妙だ。それは、もっと自由なはずだ。

　オルゴールメリーが山の中に捨ててあるようにみえるのは「日本人」の視点からのものである。その「日本人」は、もしかしたらここに表出する精神世界を見逃す可能性もある。そうでなかったら、何かのイタズラだと気味悪く思う人もいるかもしれない。それだけに、リニューアル展示の一番最初に、この精神世界、精神文化展示が置かれることに「アイヌ・ミュージアム」らしさを感じずにはいれない。

写真２　イワクテの展示

　精神世界・精神文化ということばと対になっている、学術用語（文化人類学）が何かご存じだろうか。それは「物質文化」である。文字通り、「もの（物質）」を通じて、文化のあり方を探るという学術領域である。これは、決して当事者になり得ない研究者が、物的証拠を元に、その人たちの文化を読み取ろうとする領域である。例えば、縄文時代や弥生時代などの時代や文化の区分があるが、これは土器、つまり「物質」の違いを元にして出来上がっている名称であることを思い起こしてくれたら分かりやすいだろう。遠い時代の「縄文人」や「弥生人」が考えていることがよく分からないために、彼らが残した「もの（＝物質）」を集め、その人たちの文化・信仰の形式的な法則性を見つけ出し、文化を読み取ろうとするのである。

しかし、逆に考えれば、「物質文化」という領域は、当事者がいないために生まれたということだ。つまりその人たちが不在であるために、「もの」を通じて文化や信仰を解釈しようとするのである。したがって、形態の解釈や分類の仕方が、厳密に規格化せざるを得ない、とも言える。したがって、真面目にこの領域に関われば関わるほど、形式や規格が厳しくなってくる。非常に真面目な学術領域なのだが、強調してても強調しすぎることがないのは、これは当事者ではなく部外者たちからの視線でしかない、ということである。

一方、精神世界・精神文化の当事者たちは、精神の内部に身を置くために自由である。何をどのように組み合わせようが、文化・信仰をライブで生きているため、本人たちだけしか分からない領域を生きている。例えば、神社が売り上げを上げるために、ゆるキャラをあしらった本来の信仰からしたらふざけたものにしか見えないモノを売っても、それを買った本人が、真面目に何かをお祈りしていたら、信仰の在り方が逸脱したとは誰も思わないだろう。むしろ、現代的な信仰のあらわれであるとの解釈も可能であろう。同様に、オルゴールメリーが「送ら」れていても、それが信仰の逸脱だとは考えられることはないだろう。むしろ、そこに魂を送った人たちが作り出す、精神世界・精神文化を読み取る方が、「他者」と厳かに出会うことを意味する。

（付記）実は、この精神世界・精神文化の展示には、かなり強い批判が向けられた。この批判は物質文化があまり開示されなかったことに対する義憤から生まれたものであったように見受けられた。しかし、この批判は的を得ていない。ここで展示されたのは、物質文化ではなく、当事者たちだけが表現することができる精神世界・精神世界なのだ。それが、ここがアイヌ・ミュージアムであることの証左である。

旭川市博物館のみどころ

リニューアルした旭川市博物館は、様々なアイディアにあふれている。まず第一に、私が感じたのは、生活の息吹が感じられるような当時者の目線であった。人々が実際に生活を営む中で育まれる息遣いとか、そこで生まれる愛着やあたたかさを感じたのであった。

アイヌの衣服や宗教儀礼に使用されるものの展示の中に、一つ見慣れないものを発見した。「おお！」っと思った。それは、「テッコッペ」と言われる、赤ちゃん用のおしゃぶりである（写真3）。今まで、いろんなアイヌの文化を展示するミュージアムを見て歩いてきたが、テッコッペをみたのは初めてであった。最初はそれが何か分からなかったので、すぐに学芸員の方に聞いてみた。そしたら、それはこの地域のアイヌが、知り合いの赤ちゃんのために作ったもので、しかも「実際に使用されたもの」とのことである。もしかしたら、歯型が付いているかもしれないものなのだ。

「テッコッペ」は、小さいために展示映えはしないが、実際にそれがつい最近まで使用されていたことを知るにつけ、今そこで営まれた生活の息吹を感じずにはいれなかった。これは、展示物が人類学的「標

写真3　川村アイヌ記念館のテッコッペ

本」として位置付けられている中では絶対に生まれてこない。一度「標本」になると、その価値ばかりが前面にでてきてしまい、どうも生活感が薄くなる。それは、「標本」として位置付けられる限り、学術的な価値だけが高まり、そこに人々の生活の息吹を感じ取るというよりは、研究者が他者の文化を記述するための役割の方が強くなってしまうためであろう。

注9　誰が博物館において、展示物の可視性を制御できるのかという問題は、なかなか大きな問題である。博物館の展示に関する諸々の活動は、国家資格（学芸員）によって制御されており、その資格を獲得するためには、民族学、考古学、言語学などの学術領域を、博物館学などと共に修めなくてはならないことはご存知の通り。一方、これらの学術領域は、一見学術であるということで客観性が担保されているように認識されるが、先住民族の生活の中で使用される品々を「展示物」や「標本」として扱うことを考えれば、問題含みであることが分かる。

博物館を維持させるための、学芸員による活動は、以下の四つに分類することができる。(1)発掘・収集、(2)保存、(3)展示、(4)教育・啓蒙である。まず、(1)の発掘・収集の部分であるが、どのように品々を発掘したり、収集してきたのかが焦点となる。研究者の中には、勝手に持ち帰り、売買をした人もある（小笠原 二〇〇四年、一四七頁)。墓地からの盗掘となると、深刻な問題であることが分かるだろう。墓地には遺骨や副葬品が埋葬されているため、盗掘の格好のターゲットとなる。遺骨には、様々な情報が含まれるために、学術調査の対象となる。主に、民族の起源を調査するために、研究者たちによって、先住民族の墓地は荒らされてきた。副葬品も、文化財としての価値を認め、たとえそれらが副葬品であっても、無遠慮に盗掘されてきた。時には、素人たちが、オークションでの換金を目当てに、盗掘が行われた。

(2)の保存に関しても、品々が先住民族のものである場合、大きな問題となる。例えば、朽ちてなくなることが想定されている宗教的遺物が、博物館で保存されることで半永久的に維持されることになるため、宗教的知識が捻じ曲げられることになるためだ。よく知られた事例としては、ナヴァホ(アメリカの先住民族)の砂の絵である。自然に淘汰されるべき絵ではあるが、保存されることで、本来の意義を失わされることになる。

(3)の展示に関しても、問題がある。例えば、遺骨が展示されることになれば、本来であれば、墓地の中で黄泉の国へと旅立った人間の遺骨は、神聖なものであるため、静かなところで安置されなくてはならない。しかし、博物館に固有な活動としての展示は、不特定多数の人々の目前にさらされることを余儀なくされる。これでは、長い間培ってきた宗教的知識がいとも簡単に破られ、その知識が混乱することになる。また、そもそも学芸員という制度は、近代社会の産物であるため、その知識の多くは宗主国側の人間のためのもので、展示に加えられる説明にも間違いが多い。

(4)の教育・啓蒙に関しても、学芸員が学んだ知識自体が、先住民族を支配した側のものであることを反映して、植民地主義的視点におもねることが多い。例えば、それらの品々は本当に「コレクション」なのかという問題がある。特に、盗掘したものが展示を通して教育・啓蒙されることになると、植民地支配の「戦利品」展示のようになってしまい、従属支配関係が、展示を通して「啓蒙」されることになる。特に、先住民族の子弟が、これに博物館で遭遇するときのショックは筆舌に尽くしがたいものになる。アメリカ先住民族のズニの博物館の館長ジム・イノート氏が、「(自分たちの)子どもたちのために、(ズニのものは)適切に展示されなくてはならない」と言っていたことが印象的である。

また、本文にもあるように、先住民族が学芸員となり、展示や教育・啓蒙に関わるようになると、旧宗主国側学芸員から学術的知見に基づく、批判が浴びせられることもある。研究者たちは、学術知に基づいて研究をするが、先住民族は自分たちの生活の中で育まれた生活知に基づき、自分たちの文化の継承・伝承を試みる。さて、先住民族の文化を展示する博物館は、誰の知識を最も必要としているのだろうか。博物館を通して教育・啓蒙を受ける側の人間が、どちらの知識を大切にしたいのかを適切に考えることに、今後の先住民族博物館の未来はかかっている。いずれにしても、博物館において、誰が、その品々に関して管理する権利があるのかを真剣に議論していかなくてはならない。

生活感のなくなった展示物は、もはや人の息吹を感じることができない。誰がどのような文脈で身に着けていたのかとか、人々はそれを気に入っていたのかとか、思い出にはどんなものがあるのか、身につけていた人がどんな人でどんな将来を考えているのか、などのパーソナルな側面が関係なくなってしまうのだ。[注10]

次に、この博物館を特徴付ける展示を挙げるなら、子供の衣服である（写真4）。通常は、やはり展示映えする大きなものが好んで展示されるのだが、ここではあえて子供の衣服を展示しているのだ。写真を見てもらえば分かるのだが、本当にかわいい。白黒だと分かりにくいが、首まわりの淵の部分は水色で彩られている。そのため黒い服ではあるが、華やかさが引き立てられ、かわい

写真4　こどもの服

注10　先住民族に関する展示や研究をする博物館や研究機関によって保管されてきたものの中で、最もパーソナルなものをご存じだろうか。遺骨、遺品（副葬品）の数々である。他者を知るために、遺骨を調べれば、その人たちが自分たちの「仲間（祖先）」なのか「他者」なのかが分かるという論理だ。そのため、考古学者や人類学

者たちは盗掘をしてきた。日本だけでなく、先住民族がいる地域であれば、どこでも行われてきたのである。

遺骨の盗掘の問題は、その行為が犯罪であるだけにとどまらない。何点かに分けて、論点を整理したい。第一に、学問の自由や学術の進歩の名の下に、その犯罪としての側面が忘れ去られることこそが、植民地主義を地で行くような行為である。例えば、他の民族が、日本人の墓の盗掘を行い、それが学術調査であることを理由にした場合、どのような反応が返ってくるだろうか。このような不均衡が権力関係が日本人とアイヌの間にあるため、未だに、遺骨返還がなかなか進展していかないのだ。

第二に、前の注ですでにふれたが、宗教的知識の破壊が盗掘によって引き起こされる。以前、この話をアイヌから聞いた時に、これを感じた。盗掘された遺骨は、研究対象になれば、一人の人間の骨格全体が様々なパートにより分けられ、それぞれが分析の対象となる。頭蓋骨を胴体の骨格から離れた箱に、他の頭蓋骨と一緒に入れることもあるそうだ。あるアイヌの説明によると、アイヌの世界では死者があの世に行っても、頭がないままさまようことになるとのことだった。これでは、死者に対する不敬となるため、この人は、遺骨を是非とも返してもらい、埋葬したいとおっしゃっていた。宗教的人格権は、すべての民族で死守されるべきものである。

第三に、さすがに日本国内では遺骨が展示されることはなくなったが、もし、遺骨が展示されるならば、これも宗教的知識の破壊につながる。本来であれば、墓地の中に遺骨は埋葬されたままであるはずなのに、再び、この世に連れてこられるため、本来の埋葬の方法とは全く異なる方法で、遺骨を移動までさせてしまうのだ。ここにも宗教的知識の破壊がある。

日本では、浦幌アイヌ協会が、北海道大学に遺骨返還を求め提訴し、二〇一七年に北大と和解している。その結果、一九三〇年代に盗掘された七六体が返還され、埋葬されることとなった（毎日新聞二〇一七年三月二十三日）。これに続き、日高アイヌが、研究目的で盗掘された一九八体の遺骨の返還を求め、北大に提訴し、結果的に和解に至った（産経新聞二〇一七年年七月九日）。旭川アイヌ協議会も北大に対し、遺骨返還を求めた。二〇一八年六月に三体の返還があったが、一体には頭骨がなかったそうだ。問い合わせたところ「見つからない」という返事であったとのこと。ずさんな管理に川村さんはあきれるばかりであった。

遺骨返還への道筋をつけたのは、アメリカ合衆国で、一九九〇年に施行された通称NAGPRA（Native American Graves Protection and Repatriation Act）である。この法制のことは、もちろん日本でも関係者の間ではよく知られている。NAGPRAの影響がいつか日本にも及ぶことは予想できたと思うが、提訴されるまで遺骨を保持している側が、何もアクションを起こさないのは、非常に不可思議であった。しかも、一九九七年に、アイヌ文化振興法が施行されたことを考えれば、日本の研究機関が、遺骨の返還へとアクションを取らなかったことに、立証などはできないが、無作為の作為を感じざるを得ない。

さがある。三歳くらいの子供が着用していたのだろう。既製品では作ることができない造形、自分の子供に合うようにデザインされた服を編み込むこと――これは、子供のことを思って「どんなにかわいくなるのだろう」とワクワクして作らない限りできない。この意味で、親による子供への目線が、この服の展示の中に投影されていて生活者としての「彼女」のことを思わずにいれなかった。「テッコッペ」も子供服の展示も、きっと実在の「彼女」によるものなのだ。

子供服の展示のすぐそばに、生地の編み込みの途中を見せている展示がある（写真5）。アイヌはいろんな材料で衣服を作るのだが、ここでは木の皮と繊維の糸を編み込んで、その過程をみせてくれている。この展示のために、別の「彼女」にお願いしたのだそうだ。今もまだ編みかけの生地の展示は、その背後にいる「彼女」の存在を感じないではいられない。今日も「彼女」は誰かのために編み込みをしているのだ。それは、どこの「彼女」もそうであるように、自分のために作ることはあまりないのだろう。このように、リニューアルされた展示は、このコミュニティに生きるアイヌの存在を、展示を通じて、そっと教えてくれる。

一番最後の展示に、コミュニティを代表するアイヌたちが、作品と共に紹介されている。家具や信仰のための儀礼に使用されるものを作る人々なので、アーティストということになる。そして、この人々の周りには、コミュニティで生活するアイヌたちもたくさんいることも思い起こさせてくれる。

さて、私が気になった展示が、さらにいくつかあるので紹介したい。

アイヌによるモンゴルとの戦いの展示だ。日本で歴史教育を受けると、モンゴルとの戦いというと「元寇」のことを指すが、ここでは、年貢の取り立てが厳しかったモンゴルに対して、アイヌが反乱を起こし

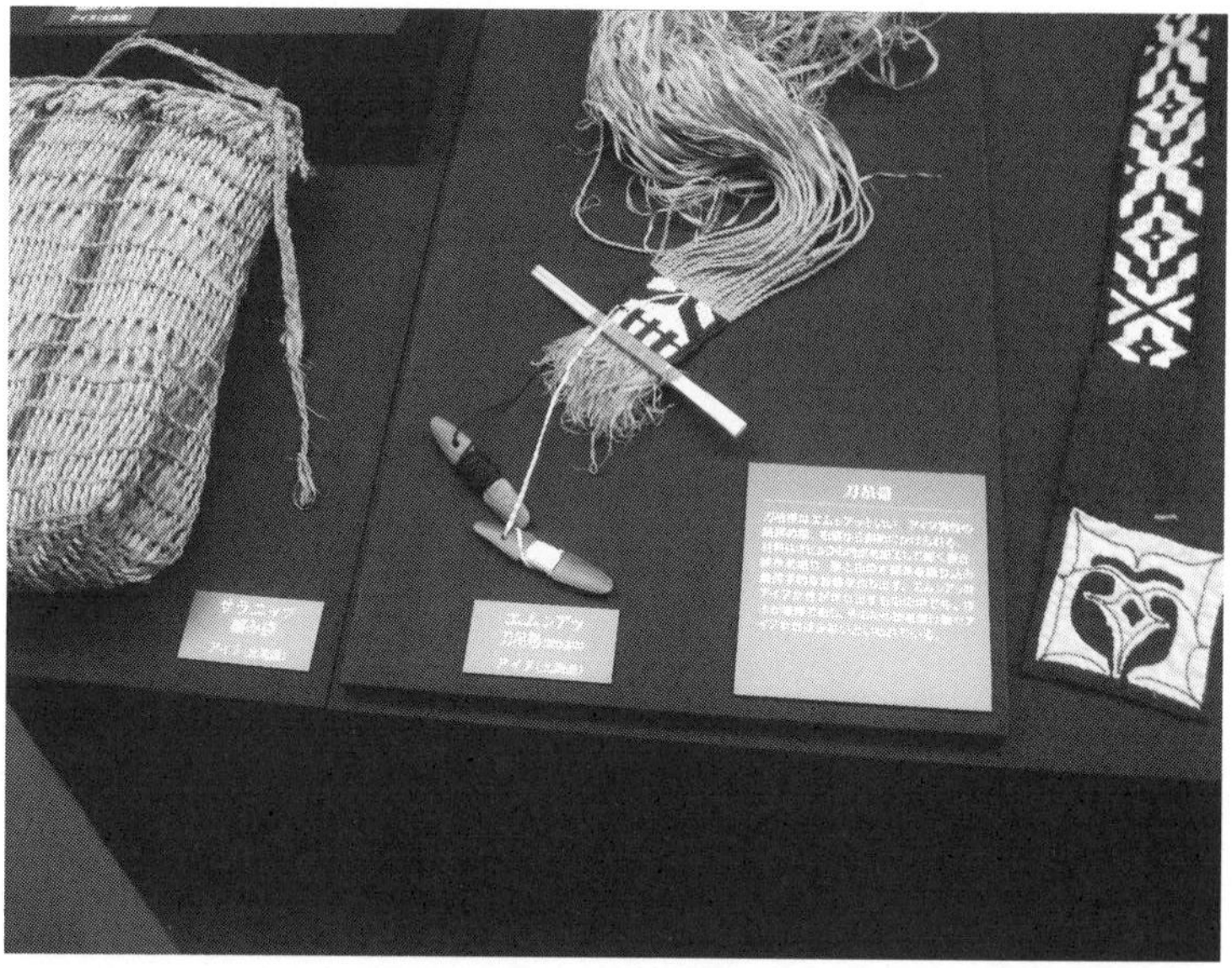

写真５　編み込み

たことで勃発した戦いのことを指す。モンゴルが戦った相手は、「日本人」だけではなかったのだ。モンゴルと戦ったアイヌがいることを知るにつけ、いかに日本史の叙述が、ごく一部の「日本」の歴史だけを知ることを義務付けているのかが分かる。

ここでの「戦うアイヌ」の展示は、なかなか勇ましい。その勇ましさを演出するような、ドラマチックな展示空間となっているのだが、この展示は、地元のアイヌのおじさまのお気に入りでもある。彼とは何度かこの展示を一緒にみたことがある。その度に、彼は、「アイヌは、大モンゴルと戦ったんだ！」と、アイヌの誇りを前面に出してくる。

「アイヌ」にかけられた「ステレオタイプ」に、「自然と共生する」というのがある。近代的な技術を駆使するのではなく、昔ながらの知恵を使い、自然とともに生きているという、一見「エコ」な姿ではあるが、逆にみれば、かなり弱体化された姿でもある。このモンゴルとの壮絶で勇敢な戦いの展示は、そんな「エコ」で「弱体化」されたステレオタイプを粉砕する。あのアイヌのおじさまは、きっとそんな部分も含めて、この展示が好きなんだなあ、と思う。

もう一つ、アイヌに対して使用されるステレオタイプを崩す展示がある。このモンゴルとの戦いの展示の、すぐ右に、サンタン（三丹）服をきたアイヌの長の像が立っている。なかなか大男だ。

三丹とは、アムール川（黒竜江）の下流の方で、アイヌたちと交易を通じて富を築いた人々のことである。アイヌは、サンタンたちとも交易をすることで富を蓄えたのだ。しかも富の分配が平等になされたわけではなく、貧富の差もあったことを伝える展示である。この展示は「心優しきアイヌ」というステレオタイプを、やはり崩そうとしている。

リニューアル後の展示は、今に生きるアイヌの姿を見せたり、生活感をぷんぷんと漂わせたり、戦もする雄々しさもみせたりと、他のアイヌの文化展示をするミュージアムと比べても異彩を放っている。ここは、まさに正真正銘のアイヌ・ミュージアムなのだ。

最後に一つ。展示の中で、私が一番痛快だと思った箇所がある。屯田兵村の展示のところである。家屋の中が分かるようになっているのだが、その展示がミニマムに抑えられている。旭川には、他にも兵村の展示もあることだし、ここでわざわざ展示する必要はあるまい。

リニューアルでは、ビジターが一服する場所になっている。おちょくっているようにみえるのは、私の読み過ぎってところか。

ハイブリッドな動物園のケモノたち

旭川を訪れる多くの人は、旭山動物園に行く。観光シーズンであれば、市内のホテルはほぼ満室で、かなり早い時期からでないと予約が取れない。一時期の勢いは衰えたとはいえ、人口三五万くらいの地域に、年間二〇〇万人近い観光客が押し寄せるのだから、ここが観光の目玉であることは間違いない（旭川市のHPによる）。

私は、子供のころ祖母に動物園によく連れていってもらったのだが、その頃から動物園を好きになれなかった。ペットを飼っている友人もいたが、ペットにも全く興味がなかった。というより、動物のにおいが苦手なのだ。ペットとして動物が人間の近くに住むようになったとはいえ、やはり動物は野生だ。私は、そのにおいに言い知れない程の恐怖というか異質なものを感じてしまう。私が祖母に連れていってもらった動物園も、この野生のにおいが強烈に充満していたし、私はいつも鼻をつまんでいた。だから、私は旭山動物園にはなかなか足が向かなかった。しかし、今の仕事をするようになってから、動物園がミュージアムの一つであることに気が付き、ようやく重い腰を上げることになった。

動物の生き生きとした姿をお客さんにみせる展示手法が、メディアなどにも頻繁に取り上げられたため、旭山動物園は人気となったが、どうも私には、そのよさが伝わってこなかった。どの動物園にも檻や柵があり中に動物がいる――それを人々がながめる。どんなに近くで見ることができても、この構造は変化することはない。それは、動物園がミュージアムである限りにおいて普遍の原理なのだ。この意味で、

写真６　旭山動物園："Museum" の文字が見える

いつものように展示のあり方について、思いを巡らせることになる。実際、この動物園は、展示に「museum」という表記を使っているところが非常に興味深い（写真6）。つまり、人に動物を見せることに意識的なのだ。

旭川観光の目玉としての旭山動物園が展示に意識的であることを考えれば、観光が「見る」ことと密接な結びつきを持っていることも確認しなくてはならない。観光は「見る」ことに力点が置かれているし、ミュージアムでも「見る」ことがすべてと言ってもいいだろう。見ると言う意味において、観光と動物園は相性がいい。

旭山動物園は、なかなかきれいだ。園全体はまるで公園のようだし、動物たちが暮らす展示のための建物や部屋は、ガラスがはめ込まれたステージであるかのようだ。その上、旭山動物園では、昔の動物園では当たり前であった臭気があまり立ち込めていない。なるほど、この動物園は、ちょっとしたテーマパークであるかのごとく、デートスポットにもなるようになったのだ。

ミュージアム研究者のケブン・ヘザリントンが、興味深いことを言っていた。それは、目の見えない人はミュージアムにおいては「他者」になってしまう、というものである（Heatherington 二〇〇二年、一九五頁〉。見ることを前提にして展示を置くミュージアムは、目の見えない人にとっては用をなさないことを踏まえて、このように表現したのだ。つまり、視覚が席巻する場所、ミュージアムでは、視覚を駆使することができない人々にとっては、ミュージアムの機能が果たされないのだ。一方、昔ながらの動物園では、においが強烈であったことを想い起こしてもらえば、盲者は動物の存在を感じることができる。随分ときれいになってしまった動物園では、多くの動物がガラス張りの展示の中に収められるため、においを発しても、見ている人たちの元にまで強烈なにおいは漂ってくることは少ない。

臭気が立ち込めていない動物園では、なんだか動物の存在が遠くなったような気がする。盲目の人にとって展示が意味をなさないのと同様に、動物が臭気を放つことを理解できないようでは、動物の息吹が伝わってこない。生きていれば、様々なにおいを放ってしまうのは人間も同じはずだ。

動物園とは、産業革命以後、都市化が進展する中で、住処を追われた動物たちの住む場所になった。[注11]生きている動物を展示する動物園があることは、その多くがすでに都市化によって住処を追われたことを意味する。動物園という存在は、なんとも逆説的である。例えば、日本オオカミはすでに絶滅してしまったと言われるが、この動物園では見ることができる。

また、動物園とは、自然史博物館（Natural History Museum）の変形《ヴァリエーション》であることを押さえることも重要である。自然史博物館では、絶滅した動物たちのはく製を展示する。その一方、動物園は生きた動物を

注11　「動物園」という概念を日本に持ち込み命名したのは、福沢諭吉だと言われている〈山本 二〇〇〇年、一九一頁〉。そして、日本では、明治政府が一八八二年に日本初の動物園を、博物館として開館させた。これが、上野にある現在の動物園の前身となった。

展示すると言う意味で、自然史博物館とは真逆の展示内容を備えるものだ。双方とも人々が知らないような動物世界のことを展示することを通じて、人々を啓蒙する近代ミュージアムの本来の機能を果たしている。

しかし、その展示の方法は、ミュージアム本来の機能を裏切ることが多い。例えば、野生のゴリラは群れの中で生きるのだが、動物園では雄雌一匹ずつペアで保有することがほとんどであるため、人々は繁殖の様を見ることができない。トラであるなら、本来は孤立した存在なのだが、動物園ではひとまとまりにされるために本来の姿とは程遠い。ましてや、獲物を追いかけ、がつがつと捕食する場面を見ることなども期待できない。動物園の場合、ミュージアムとしての展示の機能が、本来の動物の姿や生態を見失わせようとしている。つまり、動物の展示は内に矛盾を持ち合わせているのだ（山本 二〇〇〇年、二〇三頁）。

この矛盾は、生き物を展示する他のミュージアムにも当てはまる。例えば、水族館もミュージアムの一つだが、そこでのイルカショーの生み出す矛盾もなかなか面白い。イルカショーを行う水族館は、地元の漁師たちから展示のための魚を得る。その中の一つが、イルカである。近年追い込み漁という獲得方法が残虐であると批判をされているが、イルカショーは、その追い込み漁でとれたイルカたちによるものが多い。一方、イルカショーは、イルカたちを愛らしい存在として見せる。人間のことばで名前も付けられ、おみやげ用のぬいぐるみも作られたりする。その結果、水族館ではイルカは愛玩の対象として人々に可視化されるため、追い込み漁に依存してきた水族館は人々から批判を受けるようになる、という逆説的な構図がある。

それに加え、イルカはミュージアムとしての水族館に収められることによって、野生のイルカとは全く異なる存在となる。水族館に収められ養育され芸も覚えることで、野生のイルカとの距離が大きくなってしまう。そして、本当のイルカのことが良く分からなくなってしまう。

愛玩対象としてのイルカの場合と同じように、旭山動物園では動物たちのぬいぐるみ、つまりコピーが売られており、その販売収入は大きな位置を占める。人々が本当に動物のことを知ろうとしているのか、また動物園が人々に動物のことを本当に分かってもらうおうとしているのか、私にはよく分からなくなる。それでも確かなことを一つ挙げるなら、動物園での動物の姿は、本当の自然の姿を指標しているというよりは、ミュージアムという制度・機関を媒介することによって、人間との関係が埋め込まれ、自然と人工の中間的なハイブリッドな存在として可視化されている、ということである。

コスプレとしての動物園での行楽

動物園の動物は、自然と人工のハイブリットであることを考えるなら、私たちの動物園への旅や行楽は、一種の「コスプレ」みたいなものではないか。というのも、動物がハイブリットであるなら、その旅や行楽自体も実は純粋なハプニングにあふれたものでは決してなく、予定調和とハプニングの間のハイブリットなものでしかない、ということである。このハイブリッドな旅や行楽においては、人々はあらかじめ予想し得る出会いや、想定内のハプニングをなぞるように経験することになる。

一方で、人々はできるだけ本来的な他者やハプニングを求めるロマンティシズムにとりつかれているために、ハイブリッドであることをどこか薄々感じつつも、その可能性をないものとして考える傾向にある。動物園では純粋なハプニングなどあり得るはずもないのだが（あったら本当は困る）、あるふりをして動物に出会おうとしたりする。これはちょうど、コスプレをすることで、何かのフリをする状況や出会いを楽しむことと似ている。つまり、動物園に動物に会いに行くことは、一種の予定調和を楽しむというか、あらかじめ想定された範囲の中での、動物の姿を見に行くことと同義であると言ってもいいだろう。そして、大きなぬいぐるみを買って帰路につくのも、コスプレの一環でもあろう。

皮肉を込めて書いているように聞こえるかもしれないが、私はもう少しポジティブな意味を、ここでのコスプレの持つ意味に課している。これは、私たちに一種の選択肢を与えてくれている、ということである。これは、私たちがコスプレを続ける限りにおいて、動物園の快楽はいつまでも続いていくことを意味する一方、私たちが「コスプレはもうやめた」と言えば、それは終わりになることを意味している。結局は、私たちの選択と意志にかかっているということなのだ。

当たり前のように聞こえるかもしれないが、動物園は思ったより重要な論点を突き付けてくる。このことを考えさせられたエピソードがあるので紹介してみたい。

以前、アイヌの友人の家で、熊の肉をごちそうになったことがある。その時、「熊の肉は体があたたまるんだよ」と教えてもらった。なるほど、しかるべき方法で調理すると、ケモノくささは抜け、うまい。アイヌは、このごちそうに感謝の意を表して、イヲマンテ（熊送りのお祭り）を行うのだ。また、本書に登場するサハリンで出会った韓国人の梁さんも、熊の内臓のどの部分が貴重な薬品になるかを、サハリン郷土博物館のはく製を使って教えてくれた。しかも、梁さんは、熊狩りのガイドもつとめたことがあって、フランスから熊を捕りにきた製薬会社のハンターのことまで話してくれた。普段、自分たちが食べたり解体することのない、動物のことを知ることができてとても新鮮だった。熊といえば、おとぎ話にでてくるものや、かわいいテディ・ベアなどの印象しかなかったため、生身の熊と人間とのつながりのようなものを感じたのだ。

一方、動物園では、それがミュージアムである限りにおいて、啓蒙・教育機能を担ってはいるものの、人間と動物とのかかわりを教えてくれることはない。普段お目にかかることのない、変わった形状の珍獣を展示しているだけなのだ。

展示されている動物が、自分たちとどのような関係にあり、どのような味がして、それらをどのように食べるのかまでは教えてくれない。ましてや、普段自分たちが食べている家畜に至っては、展示もされていない。そのため、動物と自分たちのかかわりが分からなくなっており、その関係は希薄なままになっているのである。

その一方、水族館では「すしネタになる魚」などと銘打って、展示や解説をするところもある。すしネタになっている魚が泳いでいる時はどんな姿なのかが分かるし、なによりも楽しい。「あー、イカって、こんなにきれいなんだ」とか「イワシは、個別に泳ぐのではなくて、固まって泳ぐんだ」とか、些細なことだけど普段自分たちが食べる魚のことがよく分かる。時には、水族館の職員さんと一緒に釣りに出かけ、釣った後で、その魚を自分でさばいてたべる企画まで用意しているところがある。実際、私は、その企画に息子と参加し、息子は自分でさばいた魚を調理して食べた。複数の種類の魚を調理すると、どれがよりうまいのかも分かるようになるし、食べる時に、うろこを落としたり内臓を取り除くことなど、人間が長い間かけて魚を食べる方法を獲得してきた知恵を知ることができるのだ。

しかし、そのような企画は、動物園ではなかなかお目にかかることができない。動物園では、動物を食べることは禁忌でさえある。つまり、動物を食べることを通じた人間との関係が見えないのが動物園なのだ。裏を返せば、そのような関係を伏せたまま、行楽としてコスプレをするのが動物園ということになる。そのコスプレにおける、プロップス（小道具）が（動物園の）動物なのだ。この意味で、動物園の動物は、ディズニーランドのミッキーマウスと大して変わりがない。血肉通った動物なのに、愛玩のための存在となる。旭山動物園は、北海道旭川市のディズニーランドなのだ。

旅の目的は、旅先で人やモノ、文化に出会い、それらを知ることにあると言われる。そこで新しい発見があったり、そういう関係ができたら、きっと旅はもっと楽しくなるに違いない。

一方、予定調和的に愛でたり鑑賞したりする役割に動物を閉じ込めると、動物と人間との関係がよく分からなくなる。動物園という存在自体が、すでに不自然なものであることが分かってくると、私は、動物と人間との間にある避けることができない関係をもっと知りたいと思う。今まで知ることのなかった関係が、動物園に行くことで分かるようになるなら、動物園に行くことが、単なる行楽から、自分自身が変化してゆく旅となっていくのだと感じる。なぜなら、旅先で出会った人や動物と、しっかりと出会うことができるようになるからだ。

私は、観光・行楽のための動物園を否定しないが、旅のために行きたいとは思わない。もし、旅のために行きたいのなら、動物と私たちとの関係が、よりよく分かるようになるような展示や企画を期待したい。動物園には珍獣ばかりを愛玩の対象としてみせるだけではなく、身近な動物の人間との関係や生態系のことを、もっと教えてほしいと思うのだ。旭山動物園に関しては、とかく動物の見せ方、つまり展示の技術論ばかりが取りざたされ、動物の可視性が、ミッキーマウス・レベルになってしまっているのが非常に残念だ。

本当のチセとは

私が旭川に訪れるようになったのは、すでに述べたが当初は北鎮記念館という自衛隊付設のミュージアムに興味を持ったからであった。しかし、その後、いろんな縁が生まれ、川村カ子《ネ》トアイヌ記念館（以下、「記念館」と略す）にちょくちょくお邪魔させていただくようになった。

そもそものきっかけは、この記念館がアイヌの伝統住居「チセ」を作っている最中に、ここに立ち寄ったあたりからである。当時、私はチセがどのようなものか分かっていなかったし、それを持つことが、この記念館にとってどのような意味を持つのか、あまりよく分かっていなかった。何も知識がなかった私が、ここに最初に来た時は、このチセ作りが観光用のものに見えてしまった。

多くの人たちが、このチセ作りに関わっていた。道内のどこからか来ていた方もいたし、関西からきた大学生もいた。新聞社の方が取材にも来ていた。近隣の在日コミュニティからも来ていたし、ハンセン氏病の被害に対して賠償を求めている支援者たちもいた。子供もちょろちょろ走り回っていたし、お年寄りもいた。とにかく、多様な人たちが、文字通り一緒に汗を流していたのだ。これだけの建物を建てている上に、それほどの人間が入ることができる記念館の敷地の大きさにも感嘆した。

そのうちバーベキューも始まった。一人の男が「アスパラガスもあるから、みんな食べてよー」って大きな声で言っていた。北海道のアスパラガスは、うわさには聞いていたが、本当にデカイ。刺身で食うと絶品とのことで北海道の豊饒さの象徴であるかのようだ。そのうち、この人が「ミニ・コンサート!」と言って、自らギターをじゃんじゃん弾きだし、歌も歌い出した。この男が、その後、旭川に行くたびにお世話になるタカヤさんである。

タカヤさんが演奏した歌は、また多様であった。耳になじみのある「アリラン」もあれば、あまり聞いたことがない「徴用者アリラン」なるものもあった。そして、何よりも印象に残ったのは、勇ましい調子のリズムにのって歌われた「森の人よ」という歌であった。それは、アイヌが戦いに赴く前に挙げる雄たけびを音楽的に摸した掛け声から始まる。

森の中で生きてきたアイヌの誇りや、それを再び自分たちの生活の場として、人々に認めさせせようとする意気込みも伝わってくる。YouTubeに、タカヤさんが民族音楽会で歌った演奏があるので是非みてほしい(「森の人よ」で検索)。どういういきさつだったのか忘れたが、この演奏の後、私はタカヤさんに紹介され、彼はアイヌではないが、この記念館の主人と親友であること、今回のチセ作りプロジェクトの責任者であることが分かった。

チセとは、山から熊笹を信じられないくらいたくさん刈ってきて、その笹を織り込んで外壁にあたる部分を作っていく。写真でみると分かるが(写真7)、織り込まれた笹が幾重にも幾重にも重なり壁になるわけだ。寒そうに見えるが、旭川市博物館の展示説明によると、屯田兵たちが暮らした柾で作った家より、ずっと暖かったのだそうだ。記念館のチセは、本当に人間が住むことができる大きさであり、タカヤさんによれば、この規模のチセは道内でもなかなかないそうだ。実際、私も、道内をあちこち旅したが、これほどの大きさのものはまだ見たことがない。

写真７　雪の中のチセ

当時、このチセの持つ意味があまりよく分かっていなかった。このチセは、集客を見込んで作られたのだ、という解釈も可能なのかもしれない。しかし、当時、日本政府は、国連が採択しようとしていた「先住民族の権利宣言」を受け、まだ何のアクションも起こしていない時であったために、このチセがある種の政治性を持っていることが、だんだんと私にも分かってきた。

チセが完成した直後、税務署と市役所の職員がすぐに来たそうだ。彼らは、固定資産税の算定をしに来たのだ。

土地や家などの固定資産には、一律に税金がかかってくる。このチセは単なるお飾りではなく、実際に人が居住できるように作ったために、固定資産税の対象となると判断をしたようだ。もし、このチセが道内のミュージアムなどに置かれている展示用のレプリカであったら、もちろん固定資産税はかかることはない。しかし、このチセは、アイヌが、いろりを囲み、火の神様（カムイ）にお祈りをささげ、東の窓は神聖な窓として位置付けるなど、信仰生活の場である。ここは、本当に信仰と一体化した住居なのだ。

行政の人間が来た時の話を、記念館の主人、つまり館長である川村謙一さんに聞いた。その話は、こんな風に始まった。とても面白いので紹介しておく。

「この土地は、『日本』という国ができる前から自分たちのものであり、なぜ（日本に）税金（固定資産税）を払わなくてはいけないのか、私にはよく分からない。日本が自分たちに支払ってくれるなら分かるんだけど、自分たちが取られるってのがおかしい。もし、建物を建てたり土地を使ったことで税金を取られるなら、コンブってことばを使ったら五〇円、ハスカップってことばを使ったら六〇円、札幌ってことばを使ったら一〇〇円支払ってもらいたい」という趣旨のことを話した。初めは「面白いこと言う人だな」などとお気楽なことを考え、私は思わずニヤニヤしてしまったのだが、彼が極めて真剣に話していることに気が付いた。

先に言及した旭川博物館にもチセがある。それも川村さんたちが作ったとのことである。同じ人間が作ったのに、市の博物館のチセには税金がかからない。一方は本物であるが、もう一方は博物館展示用の小ぶりなものである。

展示用のチセは、アイヌの信仰と生活の場を見せるだけであり、それが人々によって実際に生きられ生活の場となることはない。つまり、ビジターのために存在するチセなのだ。一九九七年に、「アイヌ文化振興法」が「旧土人保護法」にとって代わって施行され、文字通りアイヌの文化振興を国ぐるみですることになった。よって、アイヌ文化の振興を、この国は真剣にしなくてはならないし、ミュージアムはそのための場となるはずだ。

しかし、ここには大きな矛盾がある。というのも、本当にアイヌ文化の振興を謳うならば、実際に人々によって使用されているチセや住まい、そして文化継承のための山や川にこそ、アイヌ文化振興法は適用されなくてはならない。しかし、現実には、博物館内だけに、その適用がとどまる振興法となっている。つまり、博物館展示用のチセには税金がかからず、本物には税金をかけようとする。これは、アイヌが先住民族であることが知識として抜け落ちているせいだ。全く矛盾だらけのアイヌ文化振興であり、それが表面的なものであることがよく分かる。なるほど、これが先住民族が博物館の中だけに閉じ込められる存在であるかのごとく扱われることの現実なのか、と合点がいく。つまり、「アイヌ文化振興法」は、彼らを先住民族として権利を認め文化を尊重していくような法制ではなく、博物館限定の文化振興奨励策なの

注12 一九九七年に、日本政府は「旧土人保護法」を改め、「アイヌ文化振興法」を施行した。同法には、従来の差別的な扱いを改め、「アイヌ文化の振興並びにアイヌの伝統等に関する国民に対する知識の普及及び啓発を図るための施策を推進することにより、アイヌの人々の民族の誇りが尊重される社会の実現を図り、あわせて我が国の多様な文化の発展に寄与する」ことが目的としてうたわれている。そのため、「前向きの一歩がふみだされた」という評価もある（長谷川 二〇〇四年、二五五頁）。

しかし、本文でも記したように、アイヌの土地であったところで自由に生活ができるようにしたものではなく（政治や経済活動に関する自治や権利）、民族教育権も認められておらず、包括的先住権が認められたものではなかった。小笠原によれば、この法制により、統括する部署、ウタリ協会（現アイヌ協会）が北海道道庁下に一元化されたため、北海道に限定されたローカルな問題として矮小化されたために、国民的な関心を集めることができなかった（長谷川 二〇〇四年、二二六〜二二三頁）。また、振興する対象となるアイヌ文化を、一つにまとめてグループ化しようとするあまり、「（アイヌ文化の）地域的多様性が失われ、同法による「文化事業」の一元化を招いている」との指摘は鋭い（野本 二〇〇九年、三三四頁）

だ。[注12]

理念としての「日本人」とアイヌ

チセが出来上がったとのことで、旭川のタカヤさんから連絡があった。なんでも、チセノミという、日本で言うところの「建て前（の儀式）」をやるので、せっかくだから来ないかとのことであった。まだ見たこともないアイヌの儀式を是非見たいと思ったので、さっそく飛行機を予約して旭川に行くことにした。

チセノミは、チセに入りきらない程の、メディアも含む多くの人々が集まり、盛大に行われた。出来上がったチセを見るにつけ、その大きさもさることながら、いろんな人たちによって作られたことの暖かさも感じた。この暖かさは、多分、ここが誰にでも開かれた場所であることから来ている気がした。客人が来れば、それが誰であろうともてなしてきたアイヌの伝統なのかなとも思った。チセ作りが始まった時に発行されたニューズレターを読むと、もし北海道がアイヌに返還されたら、チセ作りに参加した人はアイヌでなくても、無料で行き来できる旨のことも書いてあった。きっと、このアイディアは、記念館の館長である川村さんとタカヤさんたちによるものに違いない。排他的なものは、やはりアイヌモシリにはそぐわない。オープンであり続けることが、お互いが心地よく暮らしていくためには必要なんだと感じた。

排他的な民族分類に執着している人々もたくさんいることも、北海道に行くようになって感じるようになった。「最近、私、旭川の川村カ子ト・アイヌ記念館に行くんですよね」と、話の盛り上がりを期待して周りの北海道出身の人に言うと、十中八九、「もう本当のアイヌはいないんですよね」とか「本当のアイヌってまだいたの?」などの、民族の純粋性を問うようなことを言われることがある。水を差されるのだ。その理由を聞くと、「血が薄まったからね」とか「日本人になっちゃったからね」という答えが百パーセント返ってくるのだ。やはり、人々にとっては純粋性が問題なのだ。そして純粋性は排他的でもある。

しかし、民族の証としての血の純粋性ほどあてにならないものはない。古今東西、人々は移動を繰り返し、その過程で混ざり合ってきた。それは「日本人」だって、アイヌだって同じだ。「アイヌの純粋性が薄まった」とするなら、果たして誰と混じって、血が薄まったと言うのだろうか。

答えは、「日本人」の血と混じったのである。「日本人」は、明治維新後、この地に入植し、アイヌと交わることによって同化させた経緯を指して、アイヌの血が混じったと言うのだが、アイヌの血が混じったのと同様に、「日本人」の血も混じったことをも意味する。混じったことで血が薄まるのはアイヌだけではないのに、アイヌだけに限定し、自分たちの血は純粋のままであることを当然のものとする作用が働いているのだ。本当に純粋性は排他的である。では、他者の血が不純で、自分たちが純粋であることの根拠は、いったいどこから生じるのだろうか。

「日本人」の血統の管理を理念的に行っているのが、戸籍制度である。戸籍とは明治維新の後すぐにで

注13　国家神道の成立により、戸籍制度は人民管理の方法として位置付けられた。というのも、全国各地の神社が、神道の国家祭祀を担う(トップダウンの)末端の存在として配置され、神社近辺に居住していた人々を「氏子」として定位し、戸籍を作成・編入したのであった。この際、これまで氏を持たなかった農民は、天皇の赤子となったことを意味した。これが、明治日本が家族国家として呼ばれた所以であった。

きる制度なのだが、人々を天皇の子供として、つまり「赤子《せきし》」として位置付け、天皇から氏（苗字）を与えられることで、一人ひとりに「日本人」という意識やアイデンティティを持たせた制度である。[注13] 明治維新以前は、ほとんどの人々は百姓であり、氏を持っていなかったのだが、戸籍に編入されるにあたり、氏を持つようになった。それと同じように、アイヌたちも戸籍に編入された。アイヌを戸籍に編入するためには、「旧土人保護法」なるものを使い、彼らを「旧土人保護区」出身の人間として、「日本人」らしい氏を与え、「日本人」として編入したのである。例えば、その人たちが川の上の方に住んでいれば、氏は「川上」としたのだ。それにしても、なんといい加減な命名であるか。

戸籍制度が（実質的なものではなく）理念的な血統管理制度であるのは、以下のような矛盾があるためだ。まず、外国人は戸籍に編入されることが不可能な点である。アイヌは、「旧土人保護法」により、同化の対象となったのであるが、現在、外国人が日本人と結婚しても、戸籍に記載されることはない。彼らは「備考欄」に記されるだけである。今もなお、血統に基づき戸籍、つまり「日本人」を作ろうとするため、血統を管理している制度と言えるだろう。一方、明治維新に戸籍制度ができた時、最初に戸籍名簿を作るのだが、そこに「日本人」として編入される人々は、居住に基づき決定されたのである。決して、血統に基づき人々を戸籍に編入したのではなく、当時「日本」と考えられたところに住んでいれば、大陸からやってきた渡来人たちも居住に基づき「日本人」として編入したし、アイヌもまた「日本人」として編入したのだ。ということは、一番最初に「日本人」として戸籍に登録された人々は、最初から多種多様な人々であったため雑種であったことも分かるだろう。[注14] しかも、そもそも、日本という国民国家は、明治維新前は存在すらしていなかったのだ。

いずれにしても、血統が純粋な「日本人」であることを理念的に確約してくれるのが、戸籍制度である。そこでは、南方から移動してきた人、大陸から移動してきた人、北から移動してきた人たちも、すべて包摂して雑多な国民国家を作ったのだが、西洋諸国との戦争に備えるため、人々が一丸となるような理念としての「日本人」が創出・想像されたのであった。戸籍制度は、雑種「日本人」から始まったのだが、現在は血統管理をするという矛盾がつきまとうのだ。

したがって、「アイヌには、もう本物はいない」とか「もう混じってしまってね」などという発言には、「日本人」たちの血統が理念的に純粋で単一であることへの執着が見え隠れする。人によっては、アイヌの民族性を認めないで、「アイヌ系日本人」などといって、アイヌたちの民族的文化継承をも阻もうとする。そして、その理論的根拠になっているのが、戸籍制度であり、それが生み出す理念的な「日本人」単一民族観であることは間違いない。リベラルな知識人でさえ、これを信じている人が多くいることに、私は驚くことがある。例えば、東京国立博物館の総務部長が、日本が「ほぼ単一民族国家である」といいつつ、構想中のアイヌ文化博物館に言及するトンデモがまかり通っている（栗原 二〇一五年、一〇四頁）。

いずれにせよ、私は、このチセが持つ暖かさや解放性やホスピタリティに、強い魅力を感じる。人が移動すること、人が交流すること、人が共に生きること——そんな当たり前のあり方や生き方を、そのま

注14　戸籍制度は、居住している人々すべてを管理対象としたため、現在のように外国人を戸籍に登録しないといった排他的な性質を持ったものではなかった。したがって、一番最初に戸籍に登録された人々は、大陸から来た渡来人たちもいたため、様々な人々が含まれていた。一八九九年に国籍法が誕生してからは、戸籍に登録されていた人々はすべて「日本人」となった。最初に戸籍に登録された人たちを「原日本人」と呼ぶ研究者もいるが、この人たちは、血統に基づく日本民族ではないことがよく分かる（佐藤 二〇〇二年、九二～九四）。

ま肯定して包み込むような、おおらかさと優しさが、このチセには込められている。一方、民族の分類に執着する人々は、どんなに移動・交流したとしても、おかまいなく自分たちが移動する前の自分のあり方（アイデンティティ）にこだわる。なぜ、「いま、ここ」の自分ではなく、どこか別の場所にいる理念上の排他的な自分の方が好きなのか。

ことばが旅するための平等とは

チセノミでは、アイヌの宗教的儀式を見ることができた。イナウという、木の片側を笹がきのように削ったお祈りのための道具があるのだが、これを矢にくくりつけチセの壁に向かってうち放つのが珍しくて、思わず見入ってしまった。イナウは、魔よけなんだそうだ。アイヌの作るイナウは、その効果が強いとされているらしく、日本人からも注文が入るそうだ。この時から、私はイナウをよく注意して見るようになった。記念館の館長である川村兼一さんの作るイナウは、かなり美的にイケている。削った木のカールの仕方に緊張感があり、敬虔な気持ちにさせてくれる。きっと、川村さんの美意識と信仰心のなせるわざなんだろうと思った。

また、いろりを囲んでお祈りをささげる場面では、木で彫ったイクパスィと呼ばれる、ヘラのようなかたちをした道具で、カムイ（アイヌの神様）とお酒を分かち合うような動きをしていた。お酒の入った椀に、自分の分とカムイの分を仕切り分けるかのように、イクパスィを置く。そして、イクパスィを使って、いろりの火に向かって酒を、ぴっぴっと飛ばす。これは、カムイに酒を納めているのだそうだ。日本語では、「奉酒箸」と翻訳されている。

どこかの本で、イクパスィは「ひげべら」と書いてあったことを思い出した。「日本人」がこの土地に分け入った時、髭が食料に当たらないように器の上にそれを乗せてアイヌが食すように見えたために、「ひげべら」と勝手に認識したのだそうだ。チセに招き入れられていながら、そのような誤解が生まれてしまう程、日本人とアイヌの間の関係は、すれ違いが多かったのだろう。

信仰には様々な方法があるため、他者の信仰がどのようなものか、外部の者が理解するのはなかなか難しい。表面的に外からながめて理解することなど困難であるからこそ、血肉通ったコミュニケーションが必要であろうし、相互理解も求められるのだ。しかし、実際は、そうではないのが実情である。

例えば、アメリカ先住民族のプエブロたちは、キリスト教の宣教者たちの眼を通したら、信仰を持っていなかったように見えたらしい。プエブロの雨乞いの踊りは、彼らの生活に根付いた信仰儀礼の一部であるにも関わらず、信仰とは関係のない習俗にみえてしまったのだ。そのため、宣教師たちは、彼らのことを、宗教を持たない、つまり福音を知らない蛮族として認識し、聖書を与え強要したのだ。

イクパスィに関しても、同様である。イクパスィが、宗教的意味で使われるものとは認識されていないから、「ひげべら」と呼び、国家神道というカルト宗教を押し付け、「皇民（日本人）」として扱ったのだ。

チセノミでは、はじめて「ユーカラ」を聞いた。「ユーカラ」とは、アイヌの叙事的歌謡だと聞いていた。炉を囲み家族だんらん時に、それを聞いて楽しんだという。チセノミでは、一人の男性が炉の前でとつとつと歌った。アイヌ語で唄われたため内容は分からなかったが、「アムール」なんてことばが聞こえたりした。きっと、シベリアあたりを舞台とした、お話だったのではないかと勝手に思った。

私は、「ユーカラ」が口承で伝えられてきたと聞いていたので、「なるほど、こうやって、お話を知っている人が唄い、聞き入るこどもたちが筋や口上を覚え、代々引き継がれていくのだ」と勝手に想像した。チセノミで唄った男性も、そうやって引き継いできたに違いない、と。

チセノミの後、私はしたり顔で「ユーカラは、文字を持たないアイヌが、口承で唄い継いできたものなんですよね。ずーっと伝承されてきたなんて、ものすごいですよね。」などと、川村さんやタカヤさんに向かって言った。

これを受けて、川村さんが発したことばに、私はかなりのショックを受けた。というより、その場に自分の身を置いていくのが難しいほど、自分の無知を恥じた。川村さんが「あ、あれはテープからだ」と言うのだ。家族全員がアイヌ語を理解し、家族団らんの中で、悠長に「ユーカラ」を聞き歌い継ぐなどというのは、日本人が勝手に想像するロマンでしかないのだ。それは、録音されたテープから、現代のアイヌたちが学んだということなのだ。しかも、そのテープは日本人の手元にあり、「ユーカラ」だけでなくアイヌのことばをアイヌが学習するためには、その人にレンタル料を支払わなくてはならなかったのだそうだ。

二〇〇七年にユネスコで発刊された「世界言語地図」によると、アイヌ語は、すでに「危機的に絶滅に瀕している（critically endangered）」ということで、最悪の状態にある（UNESCO 二〇〇七年）。これは、今後、話者が増加するような抜本的な取り組みがなければ、そのことばが絶滅することを意味している。明治維新以後の日本による同化政策により、アイヌのことばは、テープからお金を支払って学習しなくてはならない程の状況にある。私は、なんという無知なのだろう。自分の使用することばが同化政策の中でアイヌに強要されたことに無知である一方、そのことばが伝承されてきたことにロマンまで感じるなんて、無知の上塗りでしかない。

　先にも記したが、日本語になっているアイヌ語は、地名を含め相当数に上る。一方、アイヌも日本語を使うことを考えれば、アイヌにも日本語が浸透したのだ。通常、交流が密接であれば、双方のことばはかなりの割合で混ざり合うことになる。例えば、日本語になった英語が数多くあることはご存じだと思うが、その逆もしかりである。

　しかし、日本語とアイヌ語の混ざり合い方は、妙である。過去、アイヌ語辞典を作ったのは日本人ばかりである上に、アイヌ語はアイヌの間に綿々と継承されなかったのだ。アイヌは、日本化する自分たちの土地で生き延びるために、日本語を強要され必死に覚えざるを得なかった。この関係は、本当に不均衡である。

　ことばは、不可避に旅をする。これは民族間の関係が密であればあるほど、ことばは行き交い、それぞれの言語文化に影響を与え合う。しかし、同化政策においては、日本語はアイヌ言語文化に浸透はするが、その逆は起こったとしても認識されていない。つまり、ことばは旅をするのだが、一方はことばが旅をしたことを認識し、もう片方は、ことばが旅をしたことを認めたくない、そして忘れたい。これは、日本人がアイヌモシリを奪ったことに伴い、アイヌたちの生活・伝承の場が、日本化したことを意味する。日本化したところでは、例えば、信仰のためのイクパスィは「ひげべら」となり、アイヌ語はテープを借りなければ勉強できず、伝承のユーカラがロマンの対象となったりするのだ。

　この構造の中では、川村さんが「ハスカップってことばを使ったら三〇円、コンブってことばを使ったら六〇円、札幌ってことばを使ったら一〇〇円」と言ったことに、驚くべき現実味が生まれてくる。まず、土地が日本人によって領有されることで、彼らのことばが失われる構造が出来上がったことは押さえなくてはならない。次に、この構造の中で、彼らのことばばかりが、日本人たちによって文化的にかつ断片的に消費されるのだが、アイヌたちは日本語を使うことを余儀なくされ、結果的に自分たちのことばを失うことをも余儀なくされてしまう。一方、日本人はアイヌのことばを日本語の体系の中に組み入れても、自身のことばを失うことはない。

アイヌが自分たちで自分たちのことばを維持させればいい、と思うかもしれないが、この構造の中では至難の業である。真剣にこの事業を行うならば、大学でアイヌ語学科が必要だし、少なくともアイヌ語の教職課程も必要だ（そうでなかったら、アイヌ語を教える教師は生まれない）。その上、アイヌ語が実際に生活の中で使用される必要があるし、そのためのメディアも必要である。また、アイヌが「日本人」であるなら、他の「日本人」は、自分たちのことばである「アイヌ語」についてもっと学ぶべきで、「アイヌ語」を学ぶことができる環境を整える必要がある。これだけのものを整えて初めて、アイヌ語は日本を旅したことになるのだろう。そうでないなら、この国の言語に関わる行政や研究は、アイヌ語を滅びるに任せてきたことを意味する。[注15]

川村カ子ト・アイヌ記念館の見どころ

この記念館には、なかなか面白いものがある。ここでは、その一部をリストアップしておくので、旭

写真８　旭川駅にある砂澤ビッキによる作品

川に行くことがあれば自分の目で見てきていただきたい。

1　旭川出身の芸術家、砂澤ビッキによる作品が、この記念館にはあった。この芸術家は、本当に知る人ぞ知る有名人で、世界的にも名前が知られている。北アメリカ大陸の北西部に住むハイダ（アメリカの先住民族）のビル・リード（William Reid）からの影響を多大に受けた作家で、作風もどことなく似ている部分がある。自然を芸術を通じて表現しようとする点では似ているとは思うが、砂澤ビッキの方が抽象度が高くて、ビル・リードよりも思弁的である。旭川をさらに北上すると音威子府《おといねっぷ》という町があるが、そこの出身とのことである。ここには、彼の作品を集めた美術館まである。雪に閉ざされた静

注15　アイヌのユーカラ研究で知られる金田一京助は、アイヌの文芸に並々ならぬ興味を寄せながらも、アイヌの言語そのものが継承されないことには全く頓着がなかった。村井のことばを借りるなら、金田一の研究は、「『同化政策』を利用して、その『研究』は可能だった」（二〇〇四年、一七八頁）。

寂の中で、自然世界との対話を図りながら自然を削り出したような作風で、単に素材の存在感だけではない、スピリチュアルな次元の造形が特徴だと思う。もしかしたら、ビル・リードよりも国際的な評価が与えられてもいいのではないか、と思うのは、私だけではないと思う。

最近、JR旭川駅は改修を経て、とてもきれいになったが、駅には砂澤ビッキの作品が展示されるようになった（写真8）。これは、きっとヴァンクーバー空港がビル・リードの作品を展示しているのを真似たのだと思うが、旭川アイヌのプレゼンスを示す重要な展示になっている。

九〇年代に、スミソニアン博物館がアイヌ展を行った。そこで、記念館にあった、砂澤ビッキによるトーテム・ポールが紹介されていた。砂澤ビッキが、ハイダに敬意を払いトーテム・ポールを作ったのだが、それがこの記念館にあったというのは、この記念館が普通のアイヌ・ミュージアムでないことの証だ。しかし、残念ながら、台風で、このトーテム・ポールは半壊してしまい、音威子府村にある砂澤ビッキ記念館に「帰した」のだそうだ。

2　エトピリカのはく製を、次に挙げてみたい。くちばしが鮮やかなオレンジ色の鳥で、アイヌ語で「くちばし（etu）が美しい（pirka）」という意味なのだそうだ。アイヌ語で命名されている上に、日本では北海道の北の方でしか見ることができないために、本州からの旅人にとっては珍しい鳥にみえる。この鳥の名は、葉加瀬太郎の曲で全国的に知られるようになった。日本では絶滅の危惧がある鳥ということで、保護の対象となっている。このはく製は、川村さんのお気に入りだと私はみている。というのも、彼と館内を一緒に歩くと、必ず「これ、エトピリカ」と言わずにはいれないからだ。

写真９　天竜峡の文字が見える

３　先代の川村カ子ト氏による飯田線（昔は、北信鉄道と呼んだ）開通のための測量関係の品々。旭川で「天竜峡」などの文字をみるとは思わなかった（写真９）。旭川アイヌと飯田線とは深い関係があるのだ。

大正から昭和にかけての時代、険しい山に鉄道を敷く折に、川村カ子ト氏の測量の技術が注目され、愛知県と静岡県の県境の深い山での測量はカ子ト氏たちが測量をしたのだそうだ。彼らの仕事がなければ、国鉄飯田線は敷かれなかったのだ。その仕事の偉大さに驚くばかりである。現在、飯田線沿線の小学校などは、川村カ子ト氏の仕事を顕彰しており、ひところ前は、よく川村さんたちもこれらの小学校に行ったのだそうだ。私は、その地域の小学校の校長先生をやっていた方とたまたま話をする機会があったのだが、やはり

「アイヌの人たちがやってきて、踊りを披露してくれた」と話していた。

4　チセについては、すでに書いた。しかし、繰り返しになるが、このチセはミュージアム用のミニチュアではないので、実際に人が手を入れないと維持させていくことができない。常に火を入れて、中からいぶしていないと、雪などの湿気から守ることができないのだ。そして何よりも、信仰の証として、極めて重要な施設となっている。これは、本当に生きているチセなのだ。この意味で、このチセにより、記念館は宗教法人の建物として位置付けることも可能なのだ。

記念館に行くと、川村さんが、チセの手入れをしているところに出くわす可能性がある。川村さんはシャイですが、声をかけると、きっといろいろなことを話してくれるでしょう。こちらから話しかけるべし。

5　おみやげ屋　ここには是非寄っていただきたい。とにかく、かわいいものがたくさんある。いくつかの商品は、この記念館で作られている。アイヌ模様をかたどった刺繍が施されたアイテムは、どれも本当にかわいい（写真10）。

6　記念館内に中規模のホールがあるのだが、運がいいと、そこに道内の修学旅行の団体が来ているのに出くわすことがある。どうして「運がいい」のかと言うと、その団体にお話をしたり歌を唄ったりするのが、マレウレウのメンバーの一人の川村久恵さんだからだ。マレウレウとは、ウポポなどのアイヌ伝

写真10　おみやげのビーズ（制作途中）

統歌謡に現代的なアレンジを加えた歌を唄うグループで、時折、ＮＨＫの子供番組にも登場する。現在、ライブなどを中心に、全国のみならず世界を股にかけて活躍している。彼女の抜群の歌唱力のみならず、独特の曲調は、一度聴いたら病みつきになってしまう。

　実は、ゼミの学生たちが、過去、マレウレウのディスク・ガイドを作成した。ＣＤショップなどに置かせてもらって無料で配布したのだが、あっという間にはけてしまった。本当に人気があるのだ。また、記念館に関しては、以下のＨＰで学生たちによる、記念館の紹介を読むこともできる。[注16]

　７　展示されているものの中では、アイヌの食糧に興味を持った。それは多分、私が食いしん坊だからだ。『セプとおおかみ』という子供向け

注16　『「和人」とは誰か』藤巻光浩研究室（ＵＲＬ：http://wajinainu.web.fc2.com/index.html）

の絵本があるのだが、ユリ根の粉で作った、「シト」というお団子が登場する。人間に生活の場を奪われたオオカミが、セプというアイヌの子が迷子になった折に、道案内をして人間の里に帰してあげる。そのお礼にセプはオオカミに、シトをあげるというお話だ。記念館にも、ユリ根の粉などのアイヌの食糧が展示されている（写真11）。前に一度、川村さんに「シトをたべてみたい！」とせがんだことがあるが、いつも酒の席なので、お互いに忘れてしまう。いずれにしても、多くの食料には北の大地で冬をしのぐための英知が結晶されていると感じる。そんな生活感いっぱいの展示は見ものだと思う。是非、味を想像しながら近くで見るといいだろう。

写真11　ゆり根の粉イルプ

また、アイヌと動物との関係について注目してみるのもいいだろう。例えば、炉の上で乾燥されている大き目の白い袋があるのだが、それは鹿の膀胱なのだそうだ。鹿の膀胱は、水を入れ水稲にするのだそうだ。動物の身体を余すところなく使用する、生活のための知恵である。一方、熊の膀胱は小さいために、

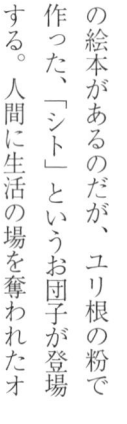

態はおしっこを我慢することができないのだそうだ。このように、動物園では決して教えてもらうことのない、動物と人間との深い関係を知ることができるのも特徴的だ。

8　アイヌの先住権について考える場として記念館全体を見る。かなり昔のことになるが、川村さんが、この記念館の成りたちについて教えてくれたことがある。第七師団が旭川に来たことに伴って、日本人がたくさん旭川にも来るようになったのだが、その日本人たちがアイヌを珍しがったのだそうだ。とりわけ、子供たちが好奇の目にさらされるのを避けるために、彼の祖父である川村イタキシロマ氏が、記念館を作ったとのことであった。アイヌ文化を日本人に学んでもらうための場所であったというのが、非常に興味深い。また、第七師団が今の場所に来たことによって、もともと住んでいた場所を追われたとのことである。[注17]川村さんのことばをそのまま使うならば、「見苦しいから」というのが理由だった。

日本政府が施行した旧土人保護法は、旭川に独自のバージョンがあり、そこには、土地の割り当ての取り決めが記されている。日本人は五町歩の土地、アイヌには一町歩の土地が与えられた（一町歩は三〇〇〇坪）。なぜかアイヌに割り当てられる土地は、日本人の五分の一。しかも、すでに述べたように、この土地が「北海道」となり、その後、すべての土地が日本という国家のものになった。旧土人保護法は、「保護」を名目として、アイヌから土地を奪う法律だったのだ。しかも、たとえ日本の法律の中で自分の土地になったとしても、そこには固定資産税もかかる。日本人が入植する以前から、その土地に居たにもかかわらず、

注17　七師団の移駐が一八九九年に決まったことで、石狩川右岸に居住していたアイヌたちが、現近文に移住させられた。谷本によれば、これが「近文アイヌの成立」につながったとのことである（二〇一五年、一九八頁）。

わらず、住む場所も移動させられ、日本の法律の下で割り当てられた土地も最初から間引かれ、その上、固定資産税まで支払わなくてはならない。生活苦にあえいだことは想像に難くない。税金の支払いが滞れば、容赦なく請求される。

　現在の記念館の土地は、最初に私が訪れた時から比べても、随分と狭くなった。国税局に取られてしまったのだ。記念館は、アイヌに先住権を認めなければ、今後も縮小を余儀なくされていくに違いない。旧土人保護法がアイヌ文化振興法に変わったとしても、土地がまだ奪われていくのだ。もし、旧土人保護法が悪法であったことの認識があるのなら、この法によって奪われた土地をアイヌに戻すべきである。それが先住権を認めるということである。

第3章

——東北への旅と電気の旅が交錯する場へ

サハリンと青森県の、二つの「豊原」

この本の最初の旅の目的地であったサハリンには、青森県と少なからず深い関係がある。まず、サハリンに居住していた人々の一部が青森県六ヶ所村近辺に帰郷したことが挙げられる。実際、六ヶ所村近辺には、旧樺太の都に付けられた「豊原」という地名がある。

梁さんが乗ることができなかった樺太庁が用意したバスは、「日本人」だけを乗せて帰郷した。一方、終戦時サハリンから北海道を始めとして日本へと引き上げようとした「日本人」三八万人の多くは、ソ連軍が宗谷海峡を封鎖したために、日本に到達することができなかったようである。多くがソ連軍に拘束され、シベリアでの抑留生活を余儀なくされた。帰還のための船に乗っても、ソ連の戦車砲で撃沈された船も多かったとのことで、結果的にサハリンから帰還できたのは八万人程度とも言われる(『消えた島　樺太』二〇一五年、三頁＆北海道新聞社、一九八八年)。一方、どんなに困難に思えてしまうような運命が自分に待ち受けていたとしても、梁さんは「戦後」を生き延びたのだ。そんな梁さんに最大限の敬意を払いたい。そして私が彼に出会えたことは、千載一遇の稀有な機会であることもよく分かる。

その一方で、梁さんを始めとする多くの朝鮮半島出身者たちは、戦中は「日本人」でありながら置いてきぼりにされ、その後も補償も受けてこなかった上に、日本の戦後史に記述されることもなかった。そんなことを考えるにつけ、彼らの身に起こったことや戦後の境遇は、「忘却の穴」に落っこちてしまったかのようだ。「忘却の穴」とは哲学者ハンナ・アーレントの表現で、忘れていることさえ忘れられることを言い当てたものだ。

　そのような境遇にある人々との出会いから、日本で生まれ育った私は、どんなことを考えることができるのだろうか。普段、日本にいたらおよそ出会うこともない人々と出会う旅の中で、「日本人」とはいったいどのような存在なのかを問わざるを得なくなるのだ。これは、「外」に出ることで「内」を問うという作業である。歴史学者ジェームス・クリフォードが、かつて旅に出ることは、「フィールド・スタディ」ではなく、「ホーム・スタディ」につながる（クリフォード二〇〇二年、一〇七～一一一頁）、と言ったのは全く正鵠を得ている。

　サハリンなどの旧植民地から、運良く戻ることができた人たちの一部は、新たな生活を「内地」で始めることになる。といっても、すでに「外地」へと殖民をしてしまった人が、半世紀ほど後に元の場所に戻るには、あまりに時間が経ち過ぎている。その上に、空襲により廃墟となってしまった都市部を選ぶよりは、あまり人が暮らしていない土地に行くしかなかったのかもしれない。

　旧樺太の首都名「豊原」を冠した地区のある野辺地から車で少しのところにある六ヶ所村も同様であろう。ここでの生活も、サハリンと同様に簡単ではないことは想像に難くない。このあたりは寒冷地であるため、ジャーナリスト鎌田慧のことばを借りるなら、「カラスも寄り付かない」ほどの過疎の地域で、今で言うところの「限界集落」と言ってもいいようなところであった。その地に「豊原」という地名を付けることは、樺太への郷愁と新天地への希望を託すことに他ならないのかもしれない。

　そもそも、「豊原」という地名の由来は、記紀にまでさかのぼる（記紀とは古事記と日本書紀を指す）。古事記では「豊葦原中国（とよあしはらなかつくに）」、日本書紀では「豊葦原千五百秋瑞穂國（とよあしはらのちいほあきのみずほのくに）」と呼ばれ、神の住む天上世界と対照させて、そこに暮らす人々が「日本人」であるという解釈を可能にしている。

サハリンにせよ六ヶ所村にせよ、なぜ記紀にまでさかのぼって、命名のためのことばの資源を探し出すのだろうか。そこに、旧蝦夷地を「日本」のものとして塗り替えていく強い政治的意思を感じるのは、私だけではないだろう。つまり、十九世紀から二十世紀にかけて、帝国主義国家が競って資源や領土を奪い合ったころ、ロシアの南下を恐れたこの国は、旧蝦夷地を「日本」固有の領土として主張することに執着したのだ。「豊原」などという命名は、もともとそこにあった土地の性質や、それにちなんで名づけられたアイヌ語地名の名残さえ残らない、皇国史観に根差した地名でしかない。一方、旧蝦夷地には、かつてそこがアイヌの土地であったことが分かるような地名もある。盆踊りで有名な秋田県の「西馬音内《にしもない》」という地名は、末尾の「ナイ」という音からも分かるように、「静かな澤」を表すアイヌ語が付されている。同様の地名で、よく知られたものの多くは北海道に残っている。例えば、稚内《わっかない》や静内《しずない》である。[注1]

いずれにしても、サハリンであるとか旧蝦夷地へと私が何度も足を運んだのは、以下のようなことに興味を覚えたからであった。「日本」という国民国家が形成される中で、「辺境」として位置付けられ、そこに暮らす人々の生活が大きな変化を遂げざるを得なかったことが、日本で生まれ教育を受けてきた人々と、どのような関係を持ち得るのかを探ってみたいと思ったからである。かつて「辺境」と位置付けられた場所で暮らす「他者」と出会うことが、どのように自分たちの歴史的地平と関係するのか問う旅がしてみたかったのだ。そんな旅することによって、自分自身の姿を、逆照射してくれる「他者」と出会う旅になるかもしれないと踏んだわけだ。というわけで、本書の「北」への旅は、次は青森県に向かいたい。

シズエさんと私たち

どういう経緯だったのかはっきりと覚えていないのだが、鎌仲ひとみさん制作・監督の映画『六ヶ所村ラプソディ』（二〇〇六年）を観たことがきっかけで、その映画に登場した青森県十和田市の苫米地《とまべち》ヤス子さんを訪れることになった。無農薬・無肥料の農法を追求し、お米つくりをしている方である。この映画では、六ヶ所村にある核燃料再処理施設（以下、核燃施設と略す）の稼働への反対運動をしている人物として紹介されている。苫米地さんの畑や田んぼは十和田市にあるが、風向きの関係で下北半島にある六ヶ所村・核燃施設からの放射性物質によって覆われる可能性が高いとのことである。

苫米地さんは保育士をしていたのだが、ある時から農業をするようになった。その苫米地さんが核燃施設への反対運動をするようになったのは、チェルノブイリの原発事故の影響を受けた子供たちの姿を写真集で見た時のことだった。「せつなくて、涙がでてきた」とおっしゃっていた。「子供たちのために、安心できるものを作りたい」と述べていらっしゃったところに強い使命感を感じた。

私はゼミの学生を連れて苫米地さんの田んぼに行くことになった。自分にも何かできないかと考えて、苫米地さんにお聞きしたところ、「田んぼの雑草を抜いてもらいましょうか」とのことだったので、ご迷惑かもしれないと思ったのだが、若い学生も連れて行くことにしたのである。声をかけたらたくさんの学生たちが苫米地さんの田んぼの雑草取りを引き受けてくれた。

その中に一名、実家が農家をやっているという学生がいた。その学生は、草取りも慣れており、彼が作業した後はかなりきれいになっていた。プロの技である。田んぼに生える雑草は、シズエという。これに親しみを込め（?）「シズエさん」と苫米地さんは呼んでいる。シズエさんはイネの根っこに近いあたりに生育し、しっかりと見極めて抜かないと、うっかりイネまで抜いてしまうことになる。この学生は、この作業がとてもうまいのだ。私がやると、本当にイネまで抜いてしまいそうになるので、びくびくと丁寧にやろうとするのだが、これだと作業が遅くなる。しかも、中腰になって作業するのですぐに腰が痛くなり、長い時間はとてもできそうもない。中年には厳しい作業だ。一時間もやったら、もう立ち上がれない。腰がものすごく痛むのだ。

この学生が言うには、自分たち家族が食べる米が育つ田んぼでは、農薬を散布しないとのことである。

注1　現在、様々な側面から、東北アイヌの存在が立証され始めた。もちろん、学説上対立はあるものの、無視することなどできない論考も増えてきた。その中でも、注目に値するいくつかの論点があるので紹介しておく。

第一に、言語学の知見である。東北や北海道の一部には律令の定める郡制がしかれず、戸籍も作成されず、制度の外にあったため、公用語である西日本のことばが使用されることがなかった。残された地名も、アイヌ語由来のものが多く、語尾に「ッペ、ッベ（大きい川）」「ナイ（小さい沢、川）」を表す地名が多く残っている。例えば、「ッベ」タイプには、秋田市仁別、津軽半島の今別がある。他にも、苫米地、馬淵川、長流部、乙部、野辺地、五戸、女遊戸などが由来しているとのことだ（工藤二〇〇二年、一四一～一四二頁）。また、ナイも、多数挙げることができる。弘前市十腰内（とこしない）、平内（青森市）、小保内（秋田県田沢湖町）、毛馬内（秋田県角館）など多数ある。このため、「東北の蝦夷はアイヌ語と同じ系統の言語を持っていた」とする言語学からの知見は、説得力を持っている。また、ほぼ同地域に文化を継承してきたマタギにも、アイヌ語に依る語彙が多数残っている（工藤二〇〇二年、一四一～一四三頁）。

第二に、土器に注目し、文化全般を読み取る考古学的アプローチも説得力を持っている。東北から出土した土器の数々が、北海道の擦文土器と比べても、その間に差異を見出すことができないとのことだ。擦文文化では、狩猟、漁業、採集だけでなく、農業も営まれたのであるが、稲作ではなく、粟やキビ、ソバなどが作られていた。東北の擦文文化は、本州弥生文化人が担ったものではなく、「北海道続縄文人の子孫」、つまりアイヌの祖先によるものである可能性が極めて高いということだ（工藤二〇〇二年、一四三〜一四四）。

さらに付け加えるならば、縄文文化、擦文文化などの考古学上の分類は、東北や北海道にアイヌがいなかったという方便に利用されることがあるということだ。例えば、東北であれば、北の縄文文化に、南から北上してきた弥生文化が稲作文化を広め、そこで日本文化が定着したかの説明がされることがある。しかし、赤坂（二〇〇四年）によれば、「縄文、続縄文、擦文、アイヌと、北海道では大きな民族的な交替が一切ないと言われていること」を、研究者は「あまり認めたがらない」（赤坂二〇〇四年、二一九〜二二〇頁）。むしろ、第2章の注8にあるように、ボカシの部分があることを前提に考える方が説得力がある。

第三に、政治史の観点からは、東北北部（盛岡―秋田を結ぶ線よりも北）が、平安時代は朝廷の支配の域外に置かれ、鎌倉時代には下北半島の一部には幕府の統治が及ばなかったことが論じられている（工藤二〇〇二年、一三一〜一三六頁）。一方、ここまで何度か言及してきた工藤による論考には異議を唱えたい。工藤によれば、蝦夷たちは「（鎌倉時代以後）いちじるしく日本化し、この地域の住民は日本民族の一員に組み込まれることになった」と結んでいる（一五三頁）。しかしながら、まず、この時期には未だ日本という近代国家の存在もなかったことに着目したい。そのような国家や民族の分類は、後付けのものであり、現在の政治的欲望を投影するに過ぎない。したがって、現在の政治的欲望を投影した政治史叙述に説得力を見出すよりも、赤坂のような「ボカシ」としての特徴を担保させる中間的かつ不明瞭な混淆領域を残しておく方が、学術として生産的である。実際、東北のジャーナリストたちが書いた明治期のものなどを分析した川西によると、下北半島の民衆にとっては、「アイヌの生活様式は自らのものであった（二〇〇一年、五七頁）」。境界線を恣意的に引くのではなく、文化が混淆していたと認識すべきであろう。

次に、江戸時代の大名の力を示すものに石高制があるが、榎本は、松前藩は無石大名であったこと、弘前藩の一部には石高を記す印がなかったことに注目し、アイヌの村落を北奥に見つけ出した。しかも北奥の人々は、衣装などにおいてアイヌの文化を取り入れていたことも分かっている（榎本二〇〇三年、一六一〜一六三頁。榎本二〇〇七年、二四〇〜二四二頁）。そのため、アイヌが和人文化に取り込まれたというよりは、文化の境界線ははっきりと分断されていたのではなく、相互に影響を与えて合っていたことも分かる。しかも、松前藩は、無石大名として、漁業と交易を中心に藩の財政を賄ったため、「基本的には海岸線を押さえたにすぎない」（原田二〇〇五年、二四一頁）。そのため、それ以外の地域のことが把握されていないのである。

いずれにしても、東北アイヌが北に追いやられたという歴史叙述は、現在の政治的欲望や視点からのものでしかないため、その土地で和人と混淆していったという歴史叙述の方が説得力がある。この地の文化は、「ぼかし」でしかないということだ。

一方、シズエさんは必ず生えてくる。したがって、手作業で抜かなくてはならない。だから、実家の農業を手伝っている彼はシズエさん抜きが得意だ。しかし、シズエさん抜きの作業はかなりの手間と労力がかかるために、出荷用の大きな田んぼではシズエさん抜きなど、とてもできないとのことだ。だから除草剤や農薬をまく。「当然ですよ」と彼は言う。一方、苫米地さんは、自分と契約したお客さんのために無農薬のお米を毎年作る。本当に、この決心に頭が下がる。

ちなみに、苫米地さんの田んぼと、私たちが見慣れた普通の田んぼでは、見た感じが全く違う。というのも、苫米地さんの田んぼは、イネとイネの間が空いている。まるで、人間が分け入ってシズエさんを取ってくれと言われているみたいだ。しかし、除草剤や農薬を散布した田んぼでは、間隔がつまっている。生育の最初の段階では、虫などがつかないために、生育がいいのだ。一方、苫米地さんの田んぼは、イネとイネとの間に間隔があいているためスカスカに見える。不思議に思い、苫米地さんにお聞きしてみた。「最初は、育ちが悪いのかと思っていたんだけど、収穫するころになると、わーっと一気に育つんだわ」とおっしゃっていた。この農法は、稲が自然に育つ力を引き出しているのだ。人間がシズエさんを抜くことが自然の摂理であるかのようだ。

私は、この旅には何回か家族も連れていった。当時、まだ小学校に入る前の息子は、田んぼの脇でカエルを追っかけていた。多分、生まれて初めて自分の手で捕まえるカエルだ。アマガエルだった。ぴょん、ぴょん、ぴょんと跳ねて、ちいさくてかわいい。オタマジャクシも泳いでいる。農薬を散布すれば、カエルを始めとする生き物たちは、田んぼに住むことができなくなる。

田んぼといえば、私は成田空港に着陸する折に、飛行機の窓から日本の田んぼを見て感激したことがあった。きらきらっと反射する田んぼが作る風景は本当にすばらしかった。しかし、もしかしたら、あの田んぼにはカエルさえ住んでいなかったのかもしれない。青々とした緑色があふれる田んぼには生き物があまり生息せず、苫米地さんの田んぼには、アマガエルをはじめとする生き物がわんさかいる。どちらのお米を私たちが食べたいのか、考えるまでもない。

「除草剤をまくと、ぶくぶくー、ぶくぶくーって、いやーな音がするんだよね」と苫米地さんは言う。食べ物は人の口に入る。どんなに用心しても用心しすぎることはないと思う。このようにストイックなまでに、人の口に入る食べ物の安全を考えて農業に従事している人は、なかなかいないのかもしれない。もちろん、そんな志を持って農業を始めた人もたくさんいるのだろうが、どこかで現実との折り合いをつけることになるのだろう。それを責めることはできない。一人ひとりの問題というよりは、現在の市場万能主義・効率重視の構造に、ほとんどの人々（商社、農協、農家や消費者など）が、からめとられているのだ。手間をかけずに大量に作れば価格も下がる。そして、スーパーでは安売り合戦だ。

学生たちは、一生懸命シズエさん取りをしてくれた。途中で、苫米地さんが差し入れをしてくれた。油が敷かれたフライパンにごはんをぎゅーっと押しつぶして両面を焼き、甘い味付けをしたお味噌を塗ったおやつだ。なんという名前のおやつなのか、忘れてしまったが、疲れた身体に染み入る、やさしい味のする素朴なおやつだった。みんな疲れていたのか、無言でしっかり食べた。でも、おやつがおいしいのはその素朴さだけでは決してないことを、みんながかみしめていたのではないかと思う。忙しくても、手間をかけて、みんなのために火を入れて作ってくれた心尽くしが、みんなの気持ちをしみじみとさせたのだ。

政治家は「競争力のある農業を！」と言うが、農業への市場原理の導入は、効率を上げてくれるのかもしれないが、何かとても大切なものを私たちから奪っていく。

ごみ問題から考える

旅の話ではないが、まず自分の身の回りのことを話したい。私の住んでいる街では、二〇一五年四月からごみ出しが有料になった。可燃ごみ・燃えないごみだけが分別の対象なのだが、なかなか慣れない。市の名前が印刷されたごみ袋に入れてごみを出す。五リットル、一〇リットル、一五リットルと、容量に応じて、五円、一〇円、二〇円とそれぞれ値段がついている。それはスーパーなどで販売されており、あらかじめ買い求める。ごみが少ない時は五リットル、ちょっと多めの時は一〇リットルの袋かな、などと見当をつける。週に二回可燃ごみと月一回の燃えないごみの日があるので、一週間一〇円から二〇円の計算だ。真ん中をとって、週一五円として、一年で約五〇週、旅行などで外出する時を省いて単純計算をすれば、年間七五〇円がかかることになる。

中学生になったばかりの息子は、ごみ出しにお金がかかることを知って、「えー、ごみの処理は税金で賄《まかな》われるはずで、行政が負担するって学校で習ったよー、なんかおかしいね」と文句を言った。彼の言うことは確かに正しい。

一方、特殊な事情もあることはある。これまでごみ処理場のあった場所が、その地域の住民との協定で、二〇一六年から他の場所に移動しなくてはならないのだ。自分が暮らしている地域に、ごみ処理場が建設され、町中のごみが集まってきたら嫌な気持ちになるだろう。感染症、臭い、景観の問題などを考えると、その地域の人でなくても心配になる。実際、東京では六〇年代から七〇年代にかけて、「ごみ戦争」が勃発した。ごみ処理場建設が進捗せず、ごみを持ち込む杉並区と、受け入れを拒否する江東区の間でいさかいが起こったのだ。自分の家の隣にごみ処理場が建設されるとなれば、私もきっと反対運動をしてしまうかもしれない。

ごみ処理場の立地問題に対して、よく採られる解決方法がある。それは、人があまり住んでいない地域にごみ処理場を建設することである。都市部では土地が限られており、空き地などは本当に少なく、住宅地や商店がぎっしりとひしめきあう。ごみ処理場がもし建設されたら、かなり近いところでごみ処理が行われることになるだろう。ましてや、私の暮らす街は観光地である。街のほとんどが観光のための場所であり、そこにごみ処理場を建設するのは、観光資源である景観の問題にも抵触しかねない。そのため、観光協会や商工会議所も、新たなごみ処理場の建設プランに対して頭を悩ませていた。

そこで出てきたプランが、近隣の自治体にごみ処理をお願いするといったものであった。近隣の自治体は、それほど観光地ではないし土地もふんだんにある。つまり、私の暮らす街よりも「へき地」なのである。このように行政が考えたのも無理がないのかもしれない。しかし、行政がごみ処理を近隣の自治体にお願いをしたらすぐに断られた。これを、新聞などが記事にしたため、その自治体の住人たちから、私たちの街の住人に対しての反感も生まれた。本来、自分たちが生きていく中で生じたごみは、自分たちで処分するのは当然であるし、ましてや自分たちの街がたとえ有数の観光地であっても、それを他の自治体にお金を払うとはいえ任せるなど言語道断、ということだ。当然の反感であり、反論であろう。人が少ないこと、観光地でないこと、土地が豊富にあること、つまり「へき地」であることを理由に、自分たちの出したごみの処理を他の自治体や市民に押し付けるなど本当に虫が良すぎる。行政は、そんな反感が生まれることを想像できなかったのだろうか。

こんなスッタモンダがあるうちに、どうやら市内の比較的中心街から離れたところにごみ処理場を作ることが決まったようである。一件落着といったところである。それでも、その処理場が完成するまで、他の街の処理場でごみ処理をしてもらうために、わが街ではごみは有料のままである。

さて、この話は、よく似た次元の議論を考えさせてくれる。核のごみ問題である。東日本大震災に伴う福島第一原子力発電所の事故以後、原子力発電所の運転に対して懐疑的な目が向けられるようになってきたとはいえ、核のごみ問題への関心はまだまだ低い。原発は発電後ごみを出すのだが、このごみの処理方法が未だ確立されていないことが広く知られていないのだ。発電はするが、ごみの処理方法がないのだ。これが、原発が「トイレなきマンション」と言われるゆえんである。

まず、核のごみとは、高レベルの廃棄物と低レベルのものに分類される。低レベルのものは、作業員が着ていた作業着など、放射線物質の付着が比較的少ないもののことを指す。一方、高レベルのものは、燃料の使用後に残る放射能レベルの高い廃液を固めたものを指す。原発の燃料は、燃料棒と言われるものに精製されたウランを練り込み、原子炉の中で核分裂を起こさせる。「核分裂」というとよく分からなくなるが要は大爆発である。ただし減速材でゆっくりと爆発させるのである。その熱でもって、水を蒸発させタービンを回す。使用後、この燃料棒は廃棄物になるのだが、そのままでは大量に放射性物質が残存しているため危険だ。そこで、まずばらばらにくだき、ガラス製材といわれるガラスに練り込み、さらにキャスクと言われるステンレスの筒の中に入れられる。すると、この廃棄物は運搬可能になる。キャスクの中に閉じ込められたとはいえ、とても人間と共存できるようなものではない。現在は、船でキャスクは運搬される。もしトラックなどで運搬され、事故にでもあったら恐ろしいことが起こる。

現在、日本には、原発の稼働によって生じたキャスクは、一万四四〇〇本もあるとのことであり、日本国内には五七四本ある（原子力環境整備促進・資金管理センターのＨＰより）。残りのキャスクは、処理施設のある、イギリスやフランスの再処理施設に送っているのだ。一方、これらはすべて日本に戻ってくる予定でもある。やはり、自国のごみは自分で処理してください、ということである。

これらの廃棄物は、六ヶ所村にある核燃施設に集められている。六ヶ所村は、下北半島の付け根あたりに位置する。そこは、使用済み核燃料を処理して、廃棄物の中に残っているプルトニウムを取り出し、再び核燃料としてリサイクルをしようとしている施設なのである。しかし、リサイクルをするための技術はただの一度もうまく稼働したことがなく、日本のリサイクル計画はとん挫したままの状態である。二十年以上も前に計画し、運転も二十数回延期したままになっており、投下した税金も一二兆円にも上っている（「核燃サイクルに十二兆円……」二〇〇五年）。しかも、稼働させなくても、年に一一〇〇億円もコストがかかり、国民の税金を投入し続けているのだ（「再処理工場……」二〇一二年五月十四日）。つまり、使用済み核燃料の処分に困り果てているのが実情である。

現在、原発は一部をのぞいて稼働が停止したままではあるが、これまで稼働してきたことでたまり続けた核の廃棄物は、当初描いていたように処理されていない。となると、これまでの核の廃棄物は、ここにたまり続けることになる。現在は、「地層処分」と呼ばれる方法で、地中三〇〇メートルに埋設している。科学者たちが言うところによれば、地下水に流れ込むなどのリスクは少なく、地層処分は一応安全とのことである。

さて、この核の廃棄物の行き先について考えてほしい。原子力発電所で生まれる電力は、都会の電力需要を満たすために使用される。都会で便利な生活をすればするほど、核の廃棄物が発生するしくみである。これまで蓄積してきた核の廃棄物は、都会の便利な生活のために使ったものだ。青森県六ヶ所村に集められたキャスクは、都会という「マンション」が出した「ごみ」である。もし、地層処分が安全であるなら、これは都会で処分しなくてはなるまい。なぜなら都会に住む人たちが出したごみだからだ。

これは自分の街のごみ焼却場の問題によく似ている。消費した時にでるごみを、人口が密集していることを理由に他の自治体で処理をお願いする論理だ。原発は、エネルギー問題だと思われているが、「ごみ」問題であるという認識も重要だ。稼働を止めたからと言って、廃棄物の処理問題があるため、すぐに放射能物質による汚染の可能性はなくなるわけではない。核の廃棄物を六ヶ所村の地中に埋めただけなのだ。これまで蓄積してきた核の廃棄物に対する落とし前をつけなくてはならないのだ。

牛は命をかけて乳を出す

ところで、苫米地さんのところには、たくさんの人たちが集まる。核燃施設の反対運動をする中で知り合った人々が、苫米地さんに会いに来たり、田んぼの雑草抜きの手伝いに来たりする。

苫米地さんは、普通の農家のおかみさんであるために、私たちのような見知らぬ人間がはるばる会いに来ることに面喰らうこともあるだろう。これは、ひとえに『六ヶ所村ラプソディ』によるところが大きい。私のように学生も伴って大勢でやって来るとなると、それなりの人数がいるわけだから、宿泊施設や食事の問題もでてくる。さぞかし、たくさんの迷惑をかけたことだろう。学生たちは近所の公民館に宿泊したのだが、その準備までしてくださり、時には食事まで準備させてしまったのだ。また、農作業のイロハも知らない人間が、いきなり大切な田んぼで作業をするわけだから、はらはらしたこともあるだろう。それでも、いつも暖かく迎えてくださった。心から感謝したい。

苫米地さんの元に人々が集まるようになると、夜は苫米地さんとお話をしながら食事をとることになる。近所からも人が集まってきて、ちょっとした集まりになる。一日農作業をした学生たちが核燃施設に対して思っていることを、ぽつりぽつりとことばにしていく。一人では悶々としてことばにならなかったものを、かたちにするのだ。原発に対する不安を口にすることもあれば、核燃施設の存在すら知らなかった者が、神妙な面持ちでこれからの自分とエネルギーとの関わり方について真剣に考えたいと言うこともある。また、およそこの問題とは無関係に生きているように見える若い子たちが、マイ箸を持参していて、なかなかしっかりした意見を述べ、驚かされることもある。いずれにしても、この交流では、普段だったら気恥ずかしくて口にできないようなことまで話し、はるばるこの場所に集ったことの意義を確認したりする。普段自分が暮らしているところから移動してきて、食べ物を作り出す実際の現場（田んぼ）に自ら足を踏み入れて、初めて核燃施設のもたらす弊害を考えることができるようになるのだ。

苫米地さんが声をかけてくださって、近所の方もここに集うことがある。私も何人かにお目にかかり、お話をお聞きする機会があった。中でも印象に残っているのは、自分のことを「牛飼い」と呼ぶ女性のことである。「牛飼い」という名前の示す通り、彼女は酪農を営んでおり、牛から搾乳をして牛乳を作り出荷している。彼女は自分が作る牛乳を持って来てくださった。

その牛乳は大きめのガラス瓶に入れられている。一口飲んだら、するすると喉の奥に吸い込まれていく。まるで絹糸のような喉ごしなのだが、コクもある。今まで味わったことのない、絶妙にバランスが取れた牛乳なのだ。しかも、瓶に詰められているので妙な味がしない。この牛乳を飲むと、普段自分が飲んでいる紙パックに入っている牛乳には、その内側に蝋のような物質がついていることに気がつく。単なる紙であれば牛乳がしみ込んでしまうため、そのように処理しているのだ。この牛乳は、そんなことにまで気が付いてしまう程、透明な味だ。とにかく後をひく。私は牛乳を飲むとお腹を壊してしまうので、たくさん飲めないのだが、牛乳好きの息子は「おかわり！」と何杯も飲んでいた。

「牛飼い」の彼女は、自身の牛を育てる哲学のようなものを話してくれた。それは、牛を放し飼いにして育てるというものであった。放し飼いにすると、牛は好きなところで好きなだけ草を食べることができる。広い牧草地がないと、とてもできないことである。青森県ならではの贅沢な育て方であろう。土地が狭いところで牛を育てる場合、狭い牛舎で限られたスペースに草を置き、あまり身動きができないところで食べさせるのだそうだ。そして、できるだけ多くの牛を飼うことで、経済的に効率よく牛乳を作り出すことができるのだ。

彼女は、自分が「牛飼い」であることに誇りを持っている。「自分は、牛飼いだから、牛のことを第一に考えたいのさ。牛にとって、お乳を出すことは命をかけてのことなのさ。だから、できるだけストレスを与えないで、好きなだけ好きな草を食べてほしいのさ」とおっしゃった。私は、彼女の話を聞いて「はっ」とした。というのも、乳というのが血液であることを思い出したからだ。

連れ合いが妊娠・出産した時のこと、彼女の身体が大きく変化していくことに気がついた。胸の周りには、青白くみえる毛細血管が無数に集まってきて、母乳を出すための準備を身体がしているのだ。集まってきた毛細血管は、母乳が血液であることの証だ。そして、今まで母乳などが出たこともないのに、出産したとたんに出るようになる。出産直後には、一番最初の母乳がいいと助産師さんが言うので、それを子供に飲ませたことがある。母親は命をかけて母乳をつくり出し、赤ちゃんに授けるのだ。

牛の乳も同様に血液だ。よく見れば、そこにはたくさんの血管が集中している。人間は牛の乳に機械を取りつけて、しゅーしゅーと搾乳する。人間であれば、（多くの場合は）一人分の赤ちゃんの胃袋を満たせば事足りるが、機械で搾乳される牛は、どれだけの数の人間を満たせばいいのだろう。「牛飼い」の彼女は、この瞬間を「牛は命をかけて乳を出す」と表現する。

「牛が命をかけて乳を出す」ことを考えるにつけ、牛が口にする草が血液になり、牛乳になることを想像するのは難しくない。おいしい牛乳が人間の口に入るためには、牛には好きな場所で心行くまでおいしい草を食べてもらいたい。これは言うまでもないことだが、それに以上に、牛が口にする草も安全なものであってほしいと切に願うようになった。人間は牛の乳をいただくことで、貴重な栄養を摂取しているのだが、何よりも知らなくてはならないのは、命が命を支えているしくみの中に「私たち」は生きている、ということなのだ。

その後、「牛飼い」の彼女のことはしばらく忘れていた。しかし、福島第一原発の事故の後、牛たちが原発近辺のまちに取り残され、飼い主を失った牛たちが大量に被ばくしたというニュースを見た時に、彼女のことを思い出した。「牛飼い」の彼女は、十和田市の人なので、今回の事故で直接大きな被害を受けたわけではないだろう。

しかし、福島の「命をかけて乳を出す」牛たちは、放射性物質を含む草を口にしたことで、内部被ばくをした。その結果、福島第一原発から二〇キロ圏内にいた牛たちは、みんな殺処分されたとのことである。『日本経済新聞』によれば、二〇一二年末までに一三〇〇頭を処分したそうだ。事故前、この地域には、約三五〇〇頭いたのだが、処分されなかった残りの牛は、餓死したり野生化したとのことである（「警戒区域の牛、十二年末までに千三百頭殺処分」、二〇一三年）。「牛飼い」の彼女は、きっと、このニュースを聞くにつけ、心の底からやりきれない思いを持ったことだろう。もしかしたら、怒りに震えてことばを発することさえできなかったのかもしれない。

彼女のことを思い出したころ、木村友祐氏による小説『聖地Cs』（新潮社）が話題を呼んでいた。しかも、木村氏は青森県八戸出身ではないか。このお話は、セシウム（Cs）による内部被ばくした牛を処分することなく、飼い続ける人たちの話である。飲むことができない乳を出す牛たちを育てるのは、経済的にペイすることはない。命を育てる責任を負う登場人物が、牛を処分することですべてなかったことにしようとする人たちに対して怒りを静かに突きつけている。[注2]

身体が汚染されれば殺処分する、という使い捨ての論理は、「命をかけて乳を出し」てくれた牛たちに対して本当に失礼な処置であったことに気がつく。と同時に、果たして自分たち人間もまた、何かの用途のために、利用され生かされている存在となっているような気がしてならない。一部の地域（東京などの都市部）の成長と繁栄のために、それ以外の地域が犠牲になる原発や核燃施設の論理こそが、この使い捨ての論理を根底から支え、この世界を不気味に力強く動かしている。

大地を踏みしめることと「近代」時間

旅先で、自分の足で大地を踏みしめる感覚に飢えていた自分に気がつくことがある。多くの場合、私たちは靴下と靴を履いているのだが、苫米地さんの田んぼでは、裸足になって大地を踏みしめることになる。当然と言えば当然であるが、田んぼで雑草を抜くためには裸足にならなくてはならない。

苫米地さんが「デトックスにいいのよ！」と、一緒に連れて行った女子学生に向かって言っていた。きっとものすごく大変な作業になるから、美容にもつながることをアピールしてるのかなと思いつつ、「みんな、そんなのにひっかかるバカじゃないよな」なんて思っていた。が、すぐに、それが単なるこじつけとか若い学生たちへの安易なアピールでないことに気がつくことになる。文句なしに気持ちがいいのだ。

まず、そろりとつま先を田んぼに入れる。「うん、水だ」などと当たり前のことを確認しながら、生まれて初めて田んぼに足を入れた。自分が普段食べている食べ物、米が作られている現場に分け入ったことがないというのも、随分と妙な話だ。それほど、生産と消費の間に大きな距離が開いていることに今更ながら驚きもする。子供のころ、プラモデルが好きで何度か工場見学に行ったこともあるし、小学校の社会見学などでお菓子や車の工場の見学に行ったこともある。それなのに、農業の現場への見学は、この年に

注2　『聖地Cs』は単なる小説の次元の話ではなかったことを、最近、報道で知った。出荷することのできない牛を、家族のように育てている酪農家が実際にいる。現在では、放射線が動物に与える影響を調べる研究に貢献しているとのことである（「福島　それぞれの春へ……」二〇一六年）。

なるまで全くしていなかったのだ。

田んぼに両足を入れた。決して平面ではない田んぼの底と、多少のぬめりが混ざり合った足裏の感触に、心もとなさを感じた。両足で踏ん張っているとはいえ、その心もとなさ故に、自分で一生懸命平衡を保たざるを得ない。ここでは、自分の足、特に指でしっかりと田んぼの底を包み込むように踏みしめないといけない――ぬめりのある田んぼの底面はそんな歩き方を要求しているのだ。

これがなかなかしんどい。しばらくすると、足の裏が痛くなってくるし、普段使っていない筋肉を使うので疲れてくる。休むためには田んぼの外に出なくてはならないが、そんなことをしていては、なかなか作業が終わらない。だから、仕方なく、しんどさに無理やり慣れようとする。が、そんなに簡単に慣れるはずもない。したがって、足裏に感じるごつごつした感触とぬめりを直接足裏に感じながら、大地を包むような感覚でもって作業を我慢して続けることにする以外に道はない。

しんどさに耐えつつ作業を続けていると、快感というほどのものでは決してないのだが、ちょっとだけ足裏に心地よさを感じるようになってきた。それでも、しんどさが九五パーセント、心地よさが五パーセント程度なのだが。小一時間が経って、苫米地さんが「休みにしましょう―」と合図に来た。「助かった、終わった！」。腰の痛さにも悩まされながら、なんとか乗り切った。

田んぼから上がると、不思議な感覚を覚えた。もちろん疲れ切っていたのだが、大地の起伏を踏みしめつつ、ぬめりに足を取られないよう包み込むように踏ん張っていた足の裏は、さらなる刺激を求めているかのようであった。その感覚は、何か強力な足つぼマッサージを受けた後で足裏にくぼみができ、そのくぼみがさらにもっと押す力を求めているような感覚なのだ。悪くない疲労感だ。もう一回、田んぼに入れと言われたら、腰が痛いから入りたくないけど、足つぼマッサージの代わりにちょっとだけ中に入ってもいいような気持になってくる。しかも、足の裏が大地に押されて血行がよくなったせいなのか、身体全体がほっこり暖かくなって軽くなったような気さえしてくる。

この感覚は、信じられないくらいたくさん歩いた時に感じたものに似ている。足の裏は、「第二の心臓」と言われるくらい人間にとって大切なところだ。学生のころ胃炎に苦しんだ時、足裏を押さえることを、漢方医学の先生に教わったことがあった。足の裏には、実際、重要なツボがいくつかある。そういえば、歩くことで病気を治そうとした人物の話を聞いたことがある。小説か映画だったのか思い出せないが、その人物は自分の病気を治すために、ドイツのどこかの都市からパリまで歩こうとする。最初は困難もあるのだが、目的地に到着するころには、自分の身体の中を循環する体液がすっかり体温を上げ、火が出るくらいの暑さの中で病気が治癒してしまうのだ。足の裏をポンプのように刺激し、本能のかたまりとなって歩く人は、きっと本来の人間存在に戻るのだろう。

田んぼに入ってシズエさん抜きをするのは、本当に骨が折れる。時間も体力も消耗する作業を抜きにしては、まともなお米はできない。この作業を経たお米も含めた様々な作物は、私たちの身体をしっかりと維持してくれる。しかし、私たちはつい経済的合理性や効率性を求める近代的な時間の中で、このことを忘れていってしまう。

現在、田んぼに入ることがない自分の足裏は、田んぼに入った時の感覚を求めてやまない。それは、単に美容としてのデトックスをはるかに超えた、近代という時間や環境からのデトックスに違いない。スケジュールを分刻みで区切り、タスクの消化を目的として旅することに慣れてしまった私たちは、旅の基本姿勢を考え直さなくてはならない時期にきている。旅は限られた時間の中で目的地で何かをするのではなく、近代時間の中から抜け出て、近代ではない時間を経験することで、元の生活のあり方まで問う次元のものになっていくに違いない。田んぼに入ることで、単に一時的なデトックスを図るのではなく、近代的な生き方そのものをも変えていく契機になるのではないだろうか。青森県でなくても、「いま、ここで」シズエさん抜きができればと思う。

シュミレーション・ゲームやユルキャラと科学技術展示

私が六ヶ所村の核燃施設に行くことを思い立ったのは、一つには、そこにあるミュージアム（正しくは「PRセンター」）に興味があったためだ。すでに何度か述べてきたが、私はミュージアムに興味がある。どの部分に興味があるかといえば、それを取り巻く環境や経緯も含め、そこで生み出されようとする価値観や社会通念のようなものが面白くてたまらないのだ。しかも、そのようなミュージアムは、訪れる人々の存在が不可欠であるため、その人々との関係がなんらかの形で結ばれ、そこで価値観や社会通念が受け入れられる過程を垣間見ることができるためだ。

ミュージアムの中には、科学館（科学ミュージアム）なるものもあるが、これは地球上のあらゆる現象を科学的に解明するための方法論や知識を教育する啓蒙機能を担っている。自然史ミュージアムや動物園なども、この類だ。私が子供のころは、卵からひよこが孵化するところを見せてくれたり、船が浮かぶ力（浮力）を観察することができる装置があったりしたものだ。目の前で見ることができるというのが、何よりも楽しかった。

現在、科学館やそれに類する館で子供たちの人気を独占するのは、乗り物を運転するシミュレーション・ゲームである。どの科学館に行っても、これは変わることがない。横浜みなとみらい地区にある三菱重工の科学館にいけば、フライト・シミュレーションには長蛇の列があり常に一時間以上待たなくてはならないし、科学館のヴァリエーションの一つである鉄道博物館においても、電車のシミュレーション・ゲームには長蛇の列である。週末であれば、気が遠くなるほど待たなくてはならない。地方都市に行っても、シミュレーション・ゲームには、たくさんの子供たちが並んでいる。全国津々浦々、大人気なのだ。

このようなシミュレーション・ゲームには何かの教育・啓蒙機能が付いているのだろうかと疑問に思うほど、遊びの要素が多い。横浜のニッサン・ギャラリーにある車を運転するシミュレーション・ゲームには、なるべくガソリンを使わない運転をするための教育的なしかけがあり、このシミュレーションを通じて啓蒙されることがあるかもしれないが、これは例外中の例外である。しかし、そもそも、大量の電気を使ったショールームでゲームをしなくても、エネルギーをより少なく使用するブレーキのかけ方、アクセルの踏み方は、自動車学校の講習で事足りる。これを考えれば、シミュレーション・ゲームとは、いったい何のためにあるのだろうか。

六ヶ所村の核燃施設の、PRセンターは一種の科学ミュージアムである。核燃施設のしくみや安全性をPRする役割を果たす機能を担うのと同時に、科学技術としての核燃料サイクルについても教育している。展示をみても、相当な金額が投下されたことが分かるほど、大規模なものだ。みなとみらいの三菱重工の科学館が、フロア二つを使い、原子力発電も含む科学全般をカヴァーしているのに対し、このPR館は原子力発電と核燃料サイクルだけに特化した内容で、三菱重工の科学館以上の展示スペースを持っている。

しかも、事前に予約を入れておけば、アテンダントの女性が一緒に展示を説明しながら回ってくれる。説明をしてもらえば、だいたいの概要が分かるようになる。しかし、逆に考えれば、展示の説明を誰かにしてもらわなくては、積極的に展示を読もうという気持ちにはなかなかなれない。私の場合は、長い期間研修を受けた方が一生懸命、核燃料サイクルの安全性、必要性、経済性を説明をしてくれたから、最後まで説明を聞くことができたのだと思う。核燃施設を真面目な顔でアピールするオジサンが、一方的に説明をしたら、きっと反感を持ってしまっただろうし、嘘くささまで感じてしまっただろう。複雑で論争の的になっている科学技術の説明に対して反感を持たれないようにするためには、女性アテンダントの存在が不可欠であるとの判断を、PRセンターの人々はしたのであろう。実際、原発付設のどのPR館でも、すべて女性アテンダントが配置されている。これは実に興味深い。

そして、このPRセンターにも、運転シミュレーション・ゲームが置いてあった。アテンダントの説明にはまるで興味のなかった息子は、シミュレーション・ゲーム（F1レースのゲーム）にまっしぐら。ビジターがほとんどいないために待ち時間は全くない。彼は、本当に飽きるまで運転のシミュレーション・ゲームを楽しんでいた。

このシミュレーション・ゲームの電源は、この施設で発電されたものなのだろうか。アテンダントに聞いてみた。「いえ、違います」「ということは、このシミュレーション・ゲームは、何のために置いてあるのですか?」「やはりお子さんをお連れになる方もいられるので、飽きないように、ということです」

となると、このシミュレーション・ゲームは、この館が啓蒙しようとする知識とはほぼ無関係であることが分かる。しかも、シミュレーション・ゲームは、全国の原子力発電所付設のＰＲ館には必ずといっていいほど置かれている。

私は、このシミュレーション・ゲームをはじめとする、広報のためのアイテムやその手法に常々疑問を感じてきた。というのも、ミュージアム側は、まじめに教える気持ちがないばかりか、ビジターをバカにさえしていると感じることが多い。「科学的内容は、科学者でない人々には伝わりにくい知識でしょうから、シミュレーション・ゲームでもお楽しみください」とか、「ゆるキャラでゆるんでください」とか言われているような気がするのだ。これは、明らかに「欠如モデル」という科学コミュニケーションの発想によるものである。「一般の人々には科学的な知識や方法が欠如しているでしょうから、専門家側が知識を注入します」というものである（小林ほか 二〇〇七年、八二頁）。シュミレーション・ゲームやゆるキャラの使用は、「欠如モデル」に基づく科学的説明がうまく機能しないことを前提に、お茶を濁そうとする。しかし、専門家でない人々、つまり一般のビジターは、そんなにバカではない。最近では、ベクレルもシーベルトも日常会話の中に登場する程であるし、低線量被ばくに対する不安も蔓延している。本当は、こういった不安に対して科学ミュージアムはしっかりと応答してほしいのだが、３・11以後も、相変わらずのゆるキャラにシュミレーション・ゲームである。そのような「安全（啓蒙）キャンペーン」にどれほどの意味があるのだろうか。

福島第一原発の事故以後、それまで原発を受け入れ推進してきた双葉町で、ちょっとした事件があった。それは、まちの入り口に掲げられた原発推進の看板を行政が撤去しようとしたのであるが、その標語を子供のころ作った本人が撤去に反対したという事件である。子供のころ、原発の描く明るい未来に希望を感じた子供が、安全神話をアピールする標語を作り、それが街の入り口に看板として掲げられたことの意味を振り返ってのことだそうだ。私は、この人の気持ちがよく分かる。科学館や原発付設のPR館は、本当に表面的にしか、科学技術やその危険性を人々に教えていない、または教える責任を放棄してしまっている。その結果、明るい未来や科学技術の安全性ばかりを人々に向かってPRするのだ。その上、最悪なことにシュミュレーション・ゲームやゆるキャラで、お茶を濁そうとする。本来、人々の生活感覚からかけ離れた科学技術の使用は、人々の生活感覚に寄り添わなくてはならないのだが、その作業を根本的に怠っているのだ。

ここでは、ミュージアムに固有に求められる、オーディエンスから信頼を獲得する作業が忘れられている。社会学者アンソニー・ギデンズによれば、これらの館は、本来であれば、複雑で高度な科学技術と人間の間とを媒介し、信頼関係を生み出す極めて限られた場、つまり「アクセス・ポイント」である（ギデンズ 一九九三年、一六二頁）。しかし、多くの科学館や、ミュージアムを標榜する原発付設のPRセンターは、企業利益を代弁する、産業技術展示広報館の役割を果たすだけにとどまっている。市民の一人ひとりが、科学技術に対する判断を下すための、市民社会的な施設とはなっていないのだ。

稲作イデオロギーと東北

苫米地さんの田んぼは十和田市にあるのだが、その十和田市には、新渡戸記念館なるミュージアムがある。震災以後、建物が耐震基準に満たないことが発覚し、現在は閉館してしまった。五千円札に肖像画が描かれていた、あの新渡戸稲造と深い関わりのある場所らしい。そもそも、五千円札をながめてみても、新渡戸稲造がどんなことをした人なのか知らない人も多い。ミュージアム好きとしては、とにかく、新渡戸記念館に行くことにした。

地図をみながらうろうろしていると、存在感のある黒めの鳥居が目には入ってきた（写真1）。地図で確かめると、なんとその鳥居のある神社に隣接するのが新渡戸記念館である。はて、新渡戸稲造はキリスト者で、クエーカー教徒の奥方がいたような記憶があったため、この記念館が神社と深い関係を持つかのごとく見えることに違和感を感じた。それでも、このようなミュージアムを見学するのは、私のようなよそ者がその地域の自意識や自画像がどのようにできているのかを知る上でも重要だ。この手のミュージアムには、地元の小学生が引率されて連れてこられたり、郷土を学ぶための副教材などでも言及されていることが多いためだ。

写真１　新渡戸神社の鳥居

この記念館は、この地を開拓するにあたり、新渡戸一族が大きな貢献をしたことを顕彰している。江戸時代までは「不毛」であったこの地に、十九世紀の終盤、新渡戸稲造の父親が開拓事業を行い、稲生川を人工的に作り、そこから水を引き、いくらかの田畑を作ることを目的としたものであった。この開拓事業のことを、「三本木原開拓」と呼ぶ。なんでも、この事業は低地から高地へと水を引こうとしたため、勾配が取れず難航した作業だったらしい。その後、この工事は幾多の困難を乗り越え、結果的に石高も九三〇石にも上ったとのことである。しかし、展示によれば、主に作物はじゃがいもやさつまいもであったとのことだ。これも、とても興味深い。

多くの東北がそうであるように、この地も、もともとはお米が生育しない地方であった。寒冷地であるため、冷害に逢ってしまうのだ。ということは、この地に暮らした当時の人々は、三本木開発以前、いったい何を食していたのかという疑問が当然わいてくる。

展示の説明にもあるように、この開拓事業以前は石高も五一石程度と低かった。一石とは、一年間大人が一人食べるコメの量を指し示すもので、戸数が五〇程度であったこの地域は、一人分のコメが一つの家族に供給される程度であったことがうかがえる。しかも、現在とは違い、大家族であった上に、年貢としてほとんどの米が領主に収められてしまうことを考えれば、この地域の農民は、ほとんどコメを食べていなかったことになる。

彼らが食していたのは、粟、稗、蕎麦、小麦などの雑穀である。そして、開拓事業がそこそこ軌道に乗ってから、つまり二十世紀に入ってからは、じゃがいもとさつまいもが、ここに加わることになる。となると、東北が日本のコメ地帯であることを私たちが小中学校で習ってきた知識が覆ることとなる。この地域を含めた東北が「米どころ」であるという認識は、かなり最近になってからのものであることが分かるからだ。つまり、東北は、昔からずーっと米どころなどではなかったのだ。三本木原開拓以後、田畑ができたとはいえ、まだまだ稲の品種改良を待たなくてはならなかったということである。つまるところ、本来的に東北は、稲作に不向きの土地であったということだ。それにも関わらず、「東北は米どころ」として、その認識が広く定着してきた。この認識は、いつから、どのように可能になったのだろうか。これについて考える思考の道筋が、いくつかあるので紹介してみたい。

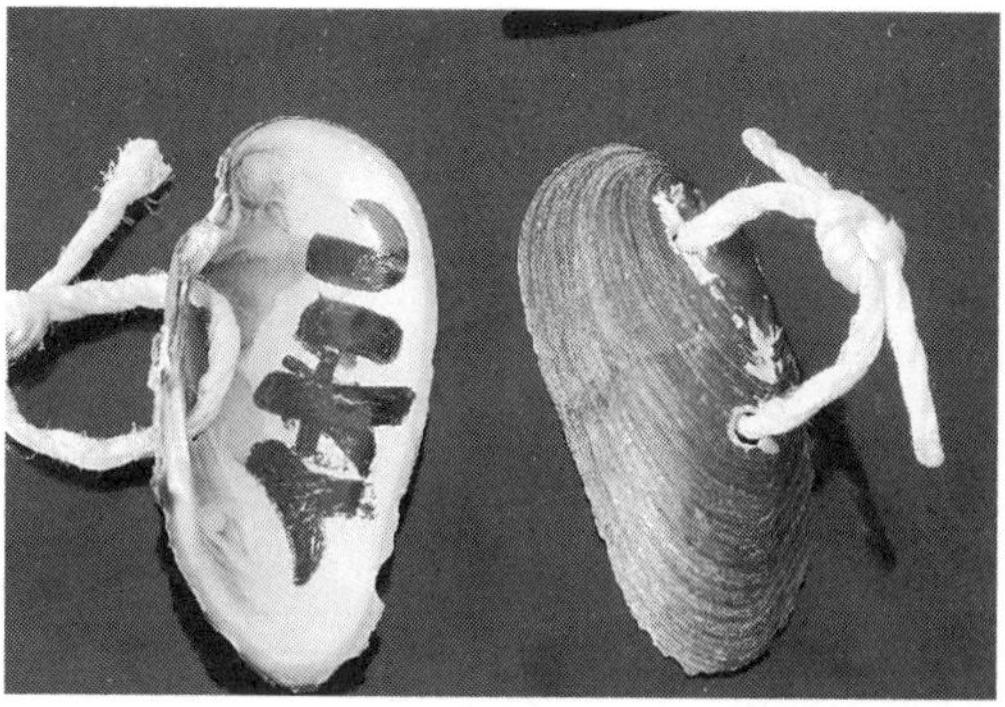

写真２　ピパ、旭川市博物館

　まず、この認識は、「東北」と名指される地方が、日本人（＝大和民族）だけが居住していたという認識に基づいている。旭川市博物館で、アイヌが食べていたものの中に、やはり粟や稗などの雑穀があったことを初めて知った。これらを刈り取る貝を利用した道具も目についた。この道具はピパ（pipa）と呼ばれ、実は東北の「蝦夷」や「マタギ」と呼ばれた人々が使っていた道具と同じ形状をしていたようだ（写真2）。実際、蝦夷地の一部であった東北には、私たちが考える以上の民族の混淆があったことはよく知られている。蝦夷＝アイヌ、またはアイヌ語使いであった、という研究者もいるし、[注3]また、大和民族との混種であったという研究者もいる。[注4]

　一方、新渡戸記念館の展示では、三本木原に住む人々が、昔か

注３　例えば、高橋（一九八六年）を参照。
注４　例えば、熊田（二〇〇三年）を参照。

ら現在まで変わらず「日本人」であるという前提がある。この前提を貫くならば、開拓事業以後、田畑が開かれ、稲の品種改良を経て、東北が日本の「米どころ」となり、現在は豊かな生活を営むことができるようになった、という日本という国家のストーリーが出来上がる。これが、「銀シャリ信仰」に基づく発展段階史観であり、それが支える「（日本の）稲作イデオロギー」である。このイデオロギーは、日本人の主食が米であるという社会通念を生み出すのに成功すると同時に、米を食うことが、近代的発展であるという認識と作用を生み出し、その米を食す人々が「日本人」であるという確信を強力に生み出そうとする。米を皆が食すことが近代明治以降の発展段階史の頂点として据えられ、その中で「日本人」というアイデンティティを生み出してきたのだ。[注5]

最初に記したように、この記念館は、神社の敷地内にある。米の豊作を祈願する場所が神社であり、その願いを持つ氏子が集うのがムラなのである。一方、雑穀を食していた人間は、「日本人」となったのか北上したのか。新渡戸記念館の神社の鳥居と相まった景観は、この地が「日本」のものであることと、「日本人」による稲作の発展段階史観と全くよく調和している。東北や北海道では、地域の稲作の発展と深い関わりのある場所には、よく神社がある。例えば、すでに言及した旭川神社などが典型である。

開拓事業の成功を言祝《ことほ》ぐ展示自体には問題がない。しかし、粟や稗などの雑穀を食していた時代を、石高が少ないことだけを理由に「貧しい」と果たして言うことなどできるのだろうか。つまり、稲作の発展段階史観を肯定する展示において、雑穀やその他の食料を食べていた人たちの存在が見えなくなってしまっている。

近年、「北海道」がアイヌたちの土地（アイヌモシリ）であったことが広く認識されるようになってきた。

その一方、大和朝廷の時代から明治時代に至るまで、「東北」は大和民族と蝦夷・マタギなどと言われた人たちとの間で混淆してきた「最前線《フロンティア》」であるという、歴史的認識はなかなか定着してこない。そもそも「東北」という地名でさえ、明治維新前後に生まれたことばなのだ（川西二〇〇一年、x～xiv頁）。これは、ひとえに、「稲作イデオロギー」によるものが大きい。ここでの稲作イデオロギーは、人々がその土地で育った米を食らい、その土地に暮らす人々がすべて「（純粋な）日本人」であるという錯覚に基づく認識を生み出す。ここでの「日本人」とは、同一性が確約された均質なアイデンティティを持つ人々になってしまっているのだ。なぜなら、粟や黍などの雑穀を食していた人々の存在が見えなくなっているためである。

新渡戸記念館の敷地内を歩いていたら、一八七六年と一八八一年に明治天皇が行幸で、ここを訪れたことを記念する石碑を見つけた。[注6] 開拓事業の偉業を顕彰したとのことである。この当時、まだ日本全国で

注5　この稲作イデオロギーは、日本史の歴史叙述のどこかで「百姓＝農民」という等号が前提とされたことで生まれたことが、網野によって提示されている。網野は「米作イデオロギー」という表現こそ使用していないが、士農工商という身分制度の中の「農」が、「農民だけでなく、承認、不名持、鍛冶、大工など、多種多様の人々を含むのが「百姓」であった」ことが見落とされたために、日本の農業＝米作という神話ができたことを指摘している（網野二〇〇〇年、二九二頁）。

しかも、このような思い込みに、近代史学も気が付くことがなかったとの指摘はなかなか示唆に富む。というのも、史学は、「生産力にこそ社会の進歩の原動力があるという見方に立っていた」ため、「もっぱら農業に焦点を合わせ、その発展の実態を考え」ていたために起こったというのである（網野二〇〇〇年、二九四頁）。そこで、農民が人口の八〇パーセントから九〇パーセントも占めるという日本人の常識ができあがったのだ。これは、まさしく稲作イデオロギーと呼ぶことが妥当であるほど、大きな作用を及ぼしたものであろう。

注6　天皇の行幸は、コメの司祭者である天皇が、稲作の北方への進展を顕彰していくための役割を果たしていた。しかし、江戸幕府による長きに渡る幕政のため、天皇の存在は全く希薄であった。そのため、地方巡幸が、その華麗さ・壮麗さ故に、「天皇の正統性の構築に役立った」（フジタニ一九九四年、五五頁）。

白米が食されていたわけではないのだが、それでも「行幸」という天皇による旅は、この地が「日本」として領有・確認されていく、重要な一番最初のステップであったのだろう。

米を食らう「日本人」とは

苦米地さんたちが、一生懸命にお米を作っているのに、不謹慎なことを言うようだが、私は白米があまり好きではない。子供のころからだ。目の前に出されれば食べるが、そんなにおいしいと思って食べたことがない。お米が炊ける独特の匂いも苦手だ。パンの焼ける匂いの方が幸福感が格別に高いといつも思う。その上、みそ汁もあまり好きではない。出汁の香りが、生臭く感じてしまうのだ。特に、作っている時の匂いが苦手だったりする。朝から、生臭い匂いが家の中に漂うことが恐怖であった。ごはんとみそ汁の組み合わせが続くと、カラリとしたものが食べたくなる。私にとって、カラリとしたものとは、オーブンで焼いたものを指す。

こんなことを人前で話すと、「(あんたは)日本人じゃない」と驚かれたり非難されたりすることがある。非難めいた口調で言われることの方が多いかもしれない。ある方は、ほんの一週間くらいの短い海外旅行で、レトルトのごはんやインスタントみそ汁を持っていくとのことである。なんと「マイしょう油」もあるらしい。その人によれば、白米とみそ汁が「日本人」のソウル・フードとのことである。なるほど面白い。「日本人にとってのソウル・フード」という表現を使う時、いつも疑問に思うことがある。別に、このことばがアメリカ南部の奴隷制の時代から人々が食しているものを曲解したなどという了見の狭い疑問ではなく、白米は「ソウル・フード」と呼ばれるほど、はたして長きに渡り深く根付いてきたものだろうか、という疑問である。そして、ここで想定されている「日本人」とは、どの程度の歴史的汎用性を持つことばなんだろう、ということである。つまるところ、白米の「ソウル・フード」としての資格であるとか、それを食すことで生まれる「日本人」という属性の均質性に対する疑問なのである。

「米どころ東北」は、いつからそのような「東北」だったのだろうか。この疑問と、上に記した疑問は重なる。というのも、古き時代から「東北」が「米どころ」ではなかったことはすでに触れたが、実際いつから「米どころ」となったのだろうか。この問いに答えるためには、どのくらいのスパンで「日本人」は、主食としての白米を食してきたのだろうか、という問いにも答えなくてはならなくなるだろう。なぜなら、主食として白米を消費する人がたくさんいるからこそ、安定した供給が求められ、東北が「米どころ」となっていったことを踏まえれば、白米を消費する「日本人」と「東北」との関係を問わざるを得ないためだ。

私の両親は、東北以外の本州で育ち、戦中世代でもある。昭和一桁生まれだ。終戦をそれぞれ小学生、中学生の時に迎えた。戦中、戦後の両親の食の話はいつも飢餓感に満ちていた。子供時代は食べ物が十分になく、いつもお腹が減っていたとのことである。農家にとうがんやお芋などをもらいに行ったこと、お弁当にお芋しか入っていなかったこと、粟や稗を食べたことは耳にタコができる程聞かされた。友達の中には、農家の子がいて、その子のお弁当箱には白米が「パンパンにつまっていてうらやましかった」そうだ。そして、戦後の混乱期も、お芋ばかり食べたとのことである。そんな飢餓感をいつも聞かされて私は育った。家が農家でもない限り、どこも事情は同じであったようで、近所の戦中世代に話を聞いても飢餓の記憶はだいたい同じである。しかも、現在のように精米の技術は発達しておらず、白米を食べたとしても、玄米に近いものであったとのことである。さらに、江戸時代に遡るなら、精米の技術はまだ発達しておらず、米を食した武士層であっても玄米か、それに近いものを食していた。

私の親世代が、白米のご飯を日常的に食べ始めたのは、戦後ということになるが、戦後すぐに好きなだけ白米を食べることはできなかったようである。具体的には、朝鮮戦争による好景気に日本中が沸き立ち、その後一九六〇年代に手が届こうかという時期であったようだ。[注7]

東北が、「米どころ」となっていくために、この国は国家事業として「米つくり」を促進していかなくてはならなかった。一方、南北に長い日本ではどこも同じ気候条件ではないために、全国一律で同じように米を作るというのには無理がある。これを踏まえ、一九四二年に食糧管理法（通称「食管法」）なるものが誕生し、米の生産、流通、配給に、国が直接的に関わるようになった。米の安定した供給を図るために、とのことであった。私は、この法律について、高校生のころ繰り返し聞いた記憶がある。政府が農家から買い付ける価格と、実際に販売する価格の間に差が生まれ、特に、買い付け価格が販売価格を上回ると、「逆ザヤ」といって財政が赤字に陥るというものであった。この説明は、政府が農家を保護しすぎると言う理由となり説得力を持たされ、食管法の廃止につながっていったことが、今となってはよく分かる。

食管法は、成立が一九四二年という年であったことからも分かるように、この国が戦争にズブズブと足を踏み入れていった時期にできたものであった。では、なぜ、このような時代に米の買い付け、流通、供給を統制し、さらに増産を目指さなくてはならなかったのだろうか。そして、なぜ東北が「米どころ」として着目されていったのであろうか。

まず、食管法成立の前に、一九三八年に国家総動員法が施行され、白米廃止運動が人々の間で展開されたことに注目したい。一般の人々が食すのではなく、米はもっぱら戦線の兵士たちに供給されることになったのである。私の両親の飢餓の記憶にある通り、庶民は米以外のものを食べることになった。当然、まだ米どころになっていない東北では、米が主食として定着することは夢のまた夢である。吉植庄亮という代議士が、食管法制定に当たりこんなことを述べている。「現在の日本人の食う米は、各府県ごとに摂取量を異にしている。この実情は明らかに一億一心の新体制理念に合致しないばかりでなく、戦時体制の統制経済を袂より噛ふものである。是所でも私たちは、米専売の一元化による整備の身が、之を救ふ事を知る」（山内 二〇一二年、二八三頁にて引用）。まず、米食は、ここで憂慮されている位、かなりの地方差があったということに加え、米の配給において兵隊の出身地に応じて差異がでないように国が管理をすることによって、士気を高めようとしていることにも注目したい。食管法は、出身地に関わらず、一般人に対してではなく兵隊に安定的に米を供給する法律であったことが分かる。

このような食管法の目的を達成するために、是が非でも米の生産を上げる必要があったのだ。これまで稲作に適していないと考えられていた東北に、たわわな稲穂が実ることが悲願となっていったのだ。技術革新と品種改良に次ぐ品種改良——これが、東北が「米どころ」となっていった歴史的背景である。山内によれば、「東北にとっての近代化とは、田んぼの風景の拡大過程でもあった」（山内 二〇一二年、二九〇

注7　一般の人々が、白米を日常的に食べるようになったのは、一九六〇年代における高度経済成長期である。原田は、当時の首相が「貧乏人は麦を食え」といったことに言及し、このころまだ日本人が「米食悲願民族だった」と述べている（二〇〇五年、三一八頁）。

頁）。これはまことに正鵠を得た表現である。そして、戦後の食糧難の時代を経て、一九六〇年代になって初めて田んぼの風景が東北に定着したのだ。

しかし、今度は日本人の食生活がアメリカの小麦戦略の影響を受け変化し、一九七〇年代には生産が過剰になり供給過多となる。日本人が米をあまり食べなくなってきたのだ。パン、パスタ、ピザなどが人気となったことはご存じの通りだ。そして、「逆ザヤ」が問題になる。しかし、長い間、米の安定的供給を図ろうと稲作行政に関わり、東北の「米どころ」と深い関係を持った保守派政治家たちは「農林族」などと言われ、時代遅れとなった食管法を廃止することがなかなかできなかった。一九九〇年代になり、ようやく食管法を廃止するのだが、それはアメリカからの圧力のなせるワザであった。そして、田んぼは、今度は減反政策の影響を受け、どんどん数を減らすことを余儀なくされていく。

東北の田んぼが作り上げる景観について考える時、とても複雑な気持ちになる。この国の政治家たちは、果たして農家の方たちの努力に見合うだけの、一貫した食料政策を推進してきたのだろうか。そして、米はそもそも多くの日本人にとって、伝統的な「ソウル・フード」と呼ばれるほどの、「ザ・主食」なのだろうか。[注8]

米を「ザ・主食」として位置付けてきたばかりに、東北の風景は変化し、今度は減反のあおりを受け、休田が増え、新しい風景が生まれてきた。戦時、東北に兵隊たちの主食作りを担わせ、「日本人」は軍国化を図り、今度はアメリカの小麦戦略による米余りで今度はいらないと言う。また、近所のお米屋さんが教えてくれたのだが、福島第一原発の事故以後、東北産のお米の売り上げが急激に減ったのだそうだ。代わりに、九州のお米が人気となっているとのことである。

戦時、無理やり東北を「米どころ」にしようとし、戦後は原発や核燃施設を押しつけながら、米を主食とすることに執着する「日本人」は、今度は東北の米は食いたくないと言う。この発想は、すでに記したごみ問題としての原発や核燃サイクルと、全く同じであると感じる。なぜなら、国策としての原発と、国家ぐるみの「稲作イデオロギー」のために、「日本人」が「東北」を利用しつくそうとする視点が、ここにあるためである。

シューカツと天職

苫米地さんのところには、様々な人々が集まることはすでに書いた。今回、紹介したいのは、自称・

注8　米が主食であるとの認識が稲作イデオロギーの影響であることは、注5で示したが、その認識と肉食への認識との間の、天皇制を媒介した政治的関係については、原田（二〇〇五年）に詳しい。以下、簡単ではあるが記しておきたい。

古代天皇制は農耕神を信仰の対象とするため、それまで行われていた動物の供儀を、作物の生育に障害となることとを理由に、廃止していったことが伝えられている。しかも、八世紀から九世紀にかけては、仏教が流入してくるため、この肉食への禁忌がさらに強化されていった。米の司祭者であった天皇は、肉食への禁忌を定着させ、どんなにコストがかかっても、「稲作に力を注いだ」とのことだ（原田　八三〜九五頁）。これは税の対象として米が定位されたためである。そして、経済的な基盤を築くという認識が広く定着するようになり、江戸時代の石高制へと受け継がれていった。これと対応するように、肉食の禁忌が、その仕事に関わる人たちへの差別の意識が生まれ、これも引き継がれていった。しかし、それまで米食と肉食は相反するものとして認識されてきたが、明治維新を機に、西洋的価値観を移入することによって、肉食への禁忌を取り除かなくてはならなくなったのである。それでも、「肉に対する穢れの意識を、（日本の）人々は生活のレベルで身に付けて」しまい、現在に至っている（原田　二〇〇五年、三一四〜三一六頁）。

他称とも「ＡＫＯちゃん」。とてもかわいらしくてメルヘンな雰囲気がただよう名前なのだが、実際に会ってみると、見事に期待を裏切ってくれる。まず、この方は男性である。年齢不詳というより、彼のかもし出す雰囲気に圧倒されてしまい、パーソナルな情報を聞くのを忘れてしまう程なのだ。彼は苫米地さんを始めとする、核燃施設反対運動をしている農家を支えている。彼のような人が何人かいるらしい。

ＡＫＯちゃんは、私が出会った時は、多分二十代後半か三十代前半であった。この年代であれば、どこかの会社の社員としてせっせと働いているだろう。しかし、彼は、その生き方を選択することなく、苫米地さんたちを支える決心をし、住み込みで日々援農をしていたのだ。

農家で働くことは、この年代の若者にとっては決して軽い気持ちでできるようなものではない。多くの学生たちが、私のゼミ生も含めて二十一歳、二十二歳くらいになれば、当たり前のように就職活動（通称「シューカツ」）に、好むと好まざるとにかかわらず精を出すようになる。「シューカツ」とは、大学三年次の後半から、新卒としての地位を利用して企業に雇用されることを目指す、大学生による会社社会への通過儀礼である。皮肉に聞こえるかもしれないが、新卒で働き始めても、三年以内の離職率が非常に高いことを考えれば、「シューカツ」で必ずしも天職を見つけるわけでもない。二〇一四年の厚生労働省の調査によれば、三二・三パーセントとのこと。それに加え、大学の授業とシューカツが重なれば、シューカツを優先するのが当たり前のご時世でもある。多分、シューカツ次第で自分の一生が決定しかねないと、若者一人ひとりが感じているからだろう。

ＡＫＯちゃんにも、もしかしたら、そういう時期があったのかもしれない。が、今ではそんな時代が彼にあったことなど微塵も感じさせない程、シューカツを大切にする世間一般の若者たちとは無縁の生き方をしているし、そもそも関心さえないようである。

髪の毛は長髪でポニーテールのように後ろで束ねている。日本ではあまり見かけないが、アメリカの若者には、よくあるヘアースタイルだ。ヒゲも伸び放題のように見えるため、メガネをした彼の風貌は日本社会ではなかなかエキセントリックだ。それでも、彼には自分のやりたいことをやっているためなのか、伝わってくる雰囲気にウソがない。

一方、自分のやりたいことが分からなくなってしまう若者が本当に多い。私もその一人だったことがある。世間の勢いに圧倒されてアセってしまい、なるべく周りと歩調を合わせようとする。それに慣れてくるとアセっていることが日常的になり、いつも何かにセカされているような気分になってくる。それに違和感を感じることができればいいのだが、それに快感を覚えたりするようになることもある。そうなると、自分の本当の気持ちが分からなくなってしまうのだ。人によっては、胃に穴が開いてしまったり、異常に肩が凝り始めたりする。こんなことが起こるのは当然だ。自分の気持ちにウソをついて毎日を送ることに慣れてしまったからである。

AKOちゃんは、この意味で自由だ。自分がやりたい農業をするし、核燃施設や原発に反対したいから苫米地さんたちを支える。この年頃の若者であれば、車を乗り回してデートもしたいだろうが、AKOちゃんには車なんか必要ないから、ママチャリを乗り回す。日本全国津々浦々、ママチャリで移動しているのだそうな。

その上、AKOちゃんはグルメだ。グルメといっても、ミシュランで評価の高いレストランに行くようなタイプではないことは、すでにお分かりだろう。筋金入りのグルメなのだ。例えば、本当の醤油の味が分かったりする。香ばしい大豆の味がそのまますするような醤油をよく知っている。私は、義母からいつも頂くため、「栄醤油」（本節の後ろにURLあり）という極上の醤油を使わせてもらっているのだが、値段が高いので自分たちでは買い求めることはない。なにせ、江戸時代から二百年間も大きな甕《かめ》で醤油を醸造している静岡県の老舗なのだ。この醤油を苫米地さんのところに持っていったら、AKOちゃんはすぐに「これがうまいんだよー」と栄醤油に気がついた。それから、文句なしにうまい酢のこともよく知っている。やはり値が張るのだが、AKOちゃんは、これも使っていた。これは富士酢と言う（後ろにURLあり）。私がこれらの調味料の存在を知ったのは、四十代になってからのことだ。

きっと、苫米地さんのように無農薬で無肥料の、非常にストイックな農法で作物を作ろうかという人々は、調味料にも気を配るのだ。せっかく作物がピュアに作られているのに、化学調味料をふんだんに使用して料理するのでは、がんばった意味がない。できるだけ自然のまま味わいたいのだ。

私は学生たちと一緒に、AKOちゃんの指示を仰いで畑に大豆をまいた。大豆も、無農薬、無肥料で作る。しかも、雑草も抜かないのだそうだ。これにもびっくりした。田んぼの時はシズエさんを抜いたのだが、畑では雑草がマルチング代わりとなり、土壌の保湿性を維持するのだそうだ。なるほどと思った。もし、農薬をまいたら、土壌が死んでしまうことになるし、その土地で育つ大豆を食べたいとは思わない。一方、私たちの口に入る大豆のほとんどは、アメリカなどから輸入したものであり、どれだけ農薬を散布しているのか計り知れない。私は、アイオワ州という農業州に約六年間暮らしていたことがあるので、飛行機で農薬を散布する光景を何度か目撃したことがある。当時は「大規模農業とはこういうものだ」と感心したものだが、今となれば、あの穀物を口に入れるとなると躊躇してしまう。実際には、主に家畜用の飼料にするトウモロコシであったが。

前の年に収穫した大豆を使って、ＡＫＯちゃんが大豆ごはんを作ってくれた。ごはんといっても、玄米で茶色い。そこにクリーム色の大豆がよく映えていた。「日本で国産大豆はほんの数パーセントしかないから、その中でも無農薬、無肥料となると、コンマ数パーセントってことになる。だから、これはとても貴重な大豆さ」とＡＫＯちゃんが教えてくれた。確かに、この大豆は稀有の存在だ。おかずは蕗《ふき》のはっぱであった。蕗は、茎や芽の部分や蕗の薹《とう》しか食べないのかと思っていたが、ＡＫＯちゃんの手にかかると、葉っぱまで食べることができる。蕗は野生なので、これも無農薬、無肥料。百パーセント、ピュアで贅沢なごはんであった。

数年前、ＡＫＯちゃんが暑中見舞いを送ってきてくれた。ママチャリで関東の方に来たいと書いてあった。言い忘れていたが、ＡＫＯちゃんは、援農の他、学生や子供たちに紙芝居をしている。その紙芝居は、地球への愛を語る内容で、化石燃料や原子力に依存し始めた文明に警鐘を鳴らすものであった。紙芝居のタイトルは、「愛してます・地球」。きっと、今もどこかに遠征をして、紙芝居をしているに違いない。

紙芝居に興味を持つだけでなく、ＡＫＯちゃんをうらやましいと感じる学生が、どこかでシューカツに愛想をつかせてもいいと思う。みんながいっせいに同じことをしなくていいのだ。シューカツをしなくても、人々は結局自分のやりたいこと、やるべきことに出会うに違いない。それをしなくては生きることができないと思う程の仕事が必ずあるはずだ。それが、神様がくださった天職ということなのだろう。ＡＫＯちゃんは、そんな大切なことを教えてくれた。

栄醤油醸造（https://www12.plala.or.jp/sakae-s/）
富士酢の飯尾醸造（https://www.iio-jozo.co.jp/）

MISAWA基地とセクシュアリティ

六ヶ所村の核燃施設に行く時、その途中にある三沢基地に何度か寄ったことがある。高校生のころから、FEN（Far East Network）という米軍基地にいる人々のためのラジオ放送を聞いていた私は、KADENAやYOKOTAに加えて、MISAWAという名前にも異国情緒を感じていた。英語放送なので、これらが漢字で表記されるイメージがどうも希薄なのだ。KADENAは、高校生が知っているレベルでしかなかったが、ベトナム戦争時、爆撃機がベトナムに飛び立つことで有名になっており、なんとなく知っていた。YOKOTAは、私の友人が、この基地の軍人と恋に落ちていた上に、何度か彼女につきあって基地で催されるお祭りについて行ったことがある。このため、そこは私にとっては割と身近な存在であった。彼女は真剣に恋をしており、彼好みの女になろうとしてどんどんケバいメイク術を獲得していったし、必要以上にセクシーなファッションに身を包むようになった。この時初めて、ハイヒールが「ファック・ミー・シューズ」と呼ばれていることを知った。私たち友人が彼女に忠告していたように、相手は当然遊びだったわけで、結局彼女はとてもひどい目にあった。

話を元に戻すなら、高校生の私には、MISAWAだけどこにある基地なのか分からないままになっていた。ローマ字の名前〝MISAWA〟は、どこの県にあるのか、日本地図の中で具体性を持つことがなかったのだ。同じようにFENの放送の中でも、そのように位置付けられていた。米軍にとって、日本の都道府県名やその地理的位置関係などは関係なく、あくまでも、それはMISAWA Baseであり、軍事的拠点なのだ。

六ヶ所村の核燃施設に興味を持つようになって、MISAWAは地図上ですぐに発見できた。てっきり米軍だけの使用だと思っていたのだが、それは自衛隊と共有で使用する基地であり、しかも民間用の空港として機能していることも、この時初めて分かった。

かくして、ローマ字のMISAWAは、ようやく青森県にある「三沢基地」という、私にとって具体性を持つ基地兼民間空港ということになった。しかも、六ヶ所村にある核燃施設とは目と鼻の先、車で二十分程度の近さなのだ。

初めて三沢基地に行ったのは、二〇〇四年の初夏であった。その時は、帰りの新幹線の時間も迫っていたので、門のところまで車で行き、「ああ、ここか」と確認をして、写真を撮っただけであった。よくある普通の自衛隊の基地だった。門のところには、いかにも自衛隊員という制服を着たあんちゃんが、退屈そうに門番をしていた。写真を数枚撮ったが、何も言われなかった。9・11という事件も、あまり影を落としていないようであった。とにかく、平和で牧歌的にみえた。

次に行ったのは、二〇〇六年初夏であった。前回と同じように、写真を撮ろうと思ってカメラを向けた。そしたら、門のところにいたベレー帽を被った軍人らしき人物が、血相を変えて走ってきた。「写真は撮ることができません」と、必死な顔で訴える。「いや、前に来たときは撮らせてくれましたよ。どうです、記念に一緒に撮りませんか」と言ったら、彼は困った顔になり、「それはできません」と言う。それだけ言うと、ゲートのところに戻っていった。彼が、えんじ色だったと思うのだがベレー帽を被っていたことから、彼が米軍の人間であることに思い至った。このベレー帽は、以前KADENAでみたことがある。たしかグリーンだった記憶だが。かくして、基地への入り口は「門」から「ゲート」になった。

MISAWAは、もともとは日本軍の基地であったのだが、敗戦後、米軍に接収され、アジア地域の安全保障を担う第五空軍の一部が駐屯する場所となったそうだ。

朝鮮戦争勃発の折は、ここから朝鮮半島に爆撃機が飛び立ったようである。その後、日米安全保障条約の下、自衛隊もこの基地を使うようになり、米軍と一体化を試みるために、基地を共有していると言ってもいいだろう。二〇〇四年に初めて訪れた時も、すでに一体化していたと思うのだが、二〇〇六年に、ブッシュ大統領と小泉首相が、米軍「再編成」に関して、さらなる自衛隊との一体化を目指すことに合意し、同年に私が訪れた時には、ゲートで写真を撮ることができない程ものものしくなったのだ。通常、自衛隊だけの基地であれば、門のところで写真は撮らせてくれるものだ。実際、本書でも言及した北海道・旭川市の自衛隊基地ではウエルカムであった。

日本の空は、米軍の三つの空軍基地によってカヴァーされている。それが、冒頭で記した三つの空軍基地だ。その中で民間との共有は、MISAWAだけである。朝鮮半島有事に備えて、一九四〇年代後半からこの基地の重要性が増したとのことだ。[注9]

さて、二回目のMISAWA基地訪問では、興味深い人とちょっとだけ話した。ゲートのところでの私とベレー帽の米兵とのやり取りを聞きつけて、近所で飲み屋を経営している女性が外にでてきた。まだ夕方前で、彼女はちょっとスケたピンクのネグリジェを着ていた。いまどき、こんな古くさい服が存在するのかと不思議でたまらなかった。彼女のすっぴんの顔は、うっすらと夜のけばけばしいメイクを想像できるような痕跡のあるものであった。声も見事に酒焼けしていて、飲み屋特有の女の声であった。「こういう女性、横須賀のどぶ板通り（つまり、米兵相手の飲み屋）にも、よくいるいる」とすぐに思った。

米兵相手の女性のメイクは、ＹＯＫＯＴＡでもほぼ同じで、どうしてこうも画一的に同じなのだろうか。アメリカで流布している、日本女性のセクシュアルなイメージを思い起こせば、それがどのようなものか合点がいくだろう。極めて即物的なのだ。そのようなイメージが広く深く定着し、戦闘前後の米兵たちがそのイメージに慰められる。米兵一人ひとりに責任があるとは思わないのだが、なぜ軍の存在というのは、こうも人間のセクシュアリティまで取り込もうとするのだろうか。それが駐屯地の女性の特定の役割を要求している、と言ってもいいだろう。この意味で、ＹＯＫＯＴＡの米兵に思いを寄せ、ひどい目にあった私の友人も同様に、この役割を一生懸命こなしていた。

注9　正直に告白するが、私は三沢基地を始めとする青森県の日米の軍事拠点化のことを、これまでよく知らなかった。その一方、北朝鮮から発射されたいくつかの弾道ミサイルが、いつも津軽海峡を横切っていくのを見るにつけ、軍事を専門とするジャーナリスト・斎藤光政による論考に説得力を感じるようになった。まず、日本国内で米軍基地を持つ県としては、沖縄県の次に青森県が挙げられている。青森県には、米軍基地と航空自衛隊に関係する施設が三沢だけでなく他にも配備されており、「世界トップレベルの対地攻撃力、情報収集能力、そしてミサイル防衛力を有する」とのことだ（斎藤二〇一八年、二二〇頁）。

具体的には、三沢米軍基地には核弾頭搭載可能なＦ16が四〇機配備され、アメリカ太平洋軍（司令部はハワイ）にとって重要拠点となっている。これに加え、航空自衛隊はＦ２戦闘機を四〇機、米軍のＦ16と合わせると、合計八〇機もが訓練・待機する基地となっている。また、米軍と一体化する自衛隊や原発、そして核燃料施設への攻撃をいち早く探知するレーダーシステムなども置かれている、三沢基地を始めとする青森県の軍事拠点の数々を考えれば、青森県は米軍への戦争協力のための一大拠点となっている（斎藤二〇一八年）。鎌田のことばを借りるなら、「精密爆撃の一番槍」なのだ（二〇一一年、二〇四頁）。

理想的なサイエンス・コミュニケーションとは

私は、何度か学生も一緒に苫米地さんの田んぼで草抜きをさせていただいた。その経験は、苫米地さんのような農家の存在を学生に知ってもらうことで、原子力発電所や核燃施設に関する意識を高めることができると考えていたからだ。その上、自分たちが口にする食べ物がどのように扱われ、どのように自分たちの手元に来るのかを知ることができるため、有益であろうと思っていた。学生の多くは核燃施設のことなど知らないだろうけれど、とにかく毎年、苫米地さんのところに、学生たちを連れて行こうと思っていた。そうすれば、何とかなっていくものだと思っていた。今、考えれば、私はなかなか独善的だったなと反省している。

事件は、東日本大震災と福島第一原発の事故があった年に起きた。それを機に、反原発の機運が高まり、政府や東電が公表する情報に対して、人々が懐疑的になっていたころだ。そのような中で、核燃施設に反対し、人々が口にする食料に対して細心の注意を払っている苫米地さんのような人を学生たちに紹介することに私は深い自信を持っていた。そして、これまでと同じように、学生と一緒に彼女の田んぼのシズエさん抜きをしに行こうと思っていた。

その年のあるゼミの時間、六ヶ所村の核燃施設のことや『六ヶ所村ラプソディ』のこと、そこに登場する苫米地さんのことなど、一通りの説明をいつもの通り終えた。そして、「今年も青森に行くぞ」と心の中で決めていた。その時、一人の学生が発言した。

「いろいろと考えたんですが、私、東北には絶対に行きたくないと思っています。自分は結婚して子供を生みたいと思っているので、東北に行って被ばくとか絶対にしたくないんです。ですから、私は、今回の田んぼの草抜きには参加したくありません。」

予想もしない発言に、私は虚を突かれた。そして、彼女が発言してから、しばらく長い沈黙が続いた（と、少なくとも私には思えた）。

なかなかインパクトのある発言であった。私は短い時間でいろんなことを考えた。福島と苫米地さんが住んでいる十和田市との距離や福島第一原発から流出した放射性物質の風による影響を考えれば、全く問題ないと思っていたが、一方で、はたして学生にこのツアーを強要などできるのだろうか、と考え込んでしまった。実際、嫌がる人間に向かって、「これは非常に意義のあることだから行きなさい」などと押しつけることなどできるのだろうか。しかも、核燃施設への反対は市民運動のかたちになって広がっていったことを考えれば、強要による参加はその性質からしてもふさわしくないだろう。それに加え、政府や東電の公表する原発の状況や放射能の数値をそのまま鵜呑みにすることができない現状を考えてみれば、彼女の言うように、今回影響を受けていないと推定される十和田市においても、被ばくのリスクは完全にゼロとは言えないのかもしれない。とにかく、そんなことを短時間でぐるぐる考えた。

結果的に、その年のゼミとしての六ヶ所村・十和田ツアーはやめることにした。ある種の強制力を持たせて行く性質のものではないという判断を下したためだ。このツアーに参加するとかしないなどの決断は、個人として考え出すべきものなのだ。自分が生きる環境の中で、自分なりにいろんな情報を集め、それを処理し、自分なりにベストと思われる判断を下すべきものなのだ。その意味で、彼女は自分の頭で考え、その決断を下したのだ。そんなことを教えてもらった発言であった。

一方、ここでのリスクは、国家レベルのプロジェクトである原発や核燃施設によるものなのだが、その判断は一人ひとりがそれぞれ行わなくてはならないことに不条理を覚えた。とてつもないリスクが、国家の経済成長を理由に、個人に判断が委ねられるのだ。リスク概念について研究する社会学者ウルリヒ・ベックは、このようにリスクが「個人化」していることを指摘し、これを強く批判している（ベック 二〇一一年）。とにかく、国策である原子力政策のリスクを、各個人が判断し、責任まで追わなくてはならないとは、なんと無責任な責任転嫁であることか。しかも、国策であるため、一人ひとりにはチョイスはないという大きな矛盾がある。

この時の学生の発言は、その後、いろんなことを私に考えさせてくれた。例えば、核燃施設だけでなく、何かの反対運動と銘打ったものは、「右向け右」ということになれば、みんなが右に向かないとならないし、そうしないと内部から批判を受けることもある。それに加え、その中での情報のソースもまた限定されることも多い。自分たちが信頼を寄せている、どこかのオピニオン・リーダーが何かを言ったために、それに左右されることも多い。この場合、自分の頭で考える習慣を放棄してしまうことになる。まさしく「オピニオン・リーダー」の存在は重要になっているのだ。

このように「オピニオン・リーダー」の存在を、自分たちの知識の中核に据えるやり方は日常的でさえある。ほとんどの人がそうしていると言ってもいい。つまるところ、自分がどのような意見を持つのかは、どこの誰を、または何かの思想や考え方を信じるのかに依っているということになりかねない。

しかし、私たちの知識形成を、このようなものにとどめておいてもいいのだろうか。自分が信頼を寄せている人物や思想が「右」といえば「自分も右」となることに何の疑問を感じなくてもいいのだろうか。

原発には、すでに述べたが、「PRセンター」なるものが付設されている。この建物は、まさしく原発のPR（＝広報）をするために、それが果たすエネルギー供給の安定性、安全性や経済性など良い部分しか展示しない。一方、科学館などの科学ミュージアムもほぼ同様の役割を果たしていることに気がつくのは重要である。というのも、自然現象を客観的に分析する視点を教化、啓蒙するのが科学ミュージアムであり、それに伴う科学技術の進歩やその社会貢献までビジターに伝えるのも科学ミュージアムなのである。したがって、この科学ミュージアムの意義や目的を考えれば、それは「PRセンター」とは大差がない。科学やその技術の発展や社会への貢献だけを広報・宣伝しているためだ。そのため、深刻な事故や、その後世への影響、汚染などの弊害について説明する展示がない。

また、核燃施設や原発付設の施設が「PRセンター」と銘打っているのは、かなり興味深い。実は、PRセンターは、これから原発を誘致する自治体の人々を招き、その安全性や経済性を説明する啓蒙の場所として機能しているためだ。科学ミュージアムと同じように、原発も含む科学の発展やその技術の社会への貢献を広報・宣伝しているのだ。そして、PRセンター近隣の旅館やホテルの人々に話を聞けば、相当の数の人々が、この地を訪れ、啓蒙されてきたことがよく分かる。

いずれにしても、PRセンターや科学ミュージアムでの知識形成の形態は、トップダウン型になじみやすいとも言える。そこに記されていることに疑問の余地がないほど、その信憑性や権威は問題ないかのごとくであり、ビジターは、それを受け入れるしか方法がない。このようなトップダウンの知識形成は、それに瑕疵がなく、それしか選択肢がないかのごとく定着しようとする。PRセンターのような場所で、ビジターに語りかけるのは、科学的知識そのものではなく、その権威なのである。

つまるところ、どんなに高度で専門的な科学的知識を扱う場合でも、その知識をどのように議論の対象として位置づけていくのかが非常に重要になる。単に自分たちが受け入れるための手段として位置づけていては、トップダウン型知識の存在を許容していくことになる。自分たちが、どのようにその知識に対して解釈を加え、判断し、どのように受け止め、または批判していくべきなのかを、虚心坦懐に議論できるような土壌がないことには、科学ミュージアムは市民社会的文化の一翼を担うことができない。

そもそも、原子力エネルギーやそのリサイクルは、安全保障と密接に関わるため、機密性が極めて高い。したがって、まともな公的な議論を困難にする。この意味で、市民社会に最もなじまない科学技術でもある。つまり、知識の解釈、判断、共有、批判、修正という人間中心的実践が、最も軽んじられる領域なのだ。このため、個人として合理的で理性的な意思決定を下していくことが極めて難しい。

そのような状況の中では、個人は専門家の算定するリスク評価に信頼を向けざるを得ないことが多い。しかし、これでは、どの専門家やオピニオン・リーダーの意見やリスクの評価を選ぶのかという信仰の問題となってしまう。そのため、個人の解釈や判断、それに伴う意思決定をするための能力を不要にしていくのだ。

機密性のない情報公開や、市民に対する説明責任を果たすことができるような組織作り、専門家だけに頼ることのない組織や意思決定の方法、そこへの市民参加を可能にする科学技術のあり方——これらを満たすサイエンス・コミュニケーションが求められている。しかも、これが本来の意味でのＰＲ（Public Relations）なのではないだろうか。企業の利益の宣伝・広報の意味のＰＲではなく、関係する人々の誰をも不安にさせることのない関係を生み出すためのPR館が求められている。株主だけでなく、電気料金を支払う人、電気を利用する人も含めて、しっかりと信頼に基づく関係性を作り上げてほしいし、そのためのしくみも作って欲しいのだ。

ミュージアムとアトミック・カルチャー

私は、所謂《いわゆる》3・11を日本で経験していない。そんなことを告白すると、「非国民」扱いされてしまうことがあるのだが、これはこれで面白い。過去の事件、とりわけメディアを通じて、国民的出来事の地位まで獲得したような事件であればなおさらだ。会社勤めの人であれば、帰宅難民となった経験を共有することができる。子供を持つ人たちは、学校からの帰宅の方法に気をもんだ経験を共有することができる。また、3・11を機に何かが大きく変わってしまったことを前提に、議論の共有を図ろうとする人々もいる。いずれにしても、3・11を日本国内で共有していることは、あいさつレベルの付き合いから、ちょっとまじめな議論に至るまで「3・11を経験した日本人」としてのアイデンティティを作り上げる上で、かなりのウェイトを占めている。すでに、それは集合的記憶の域に達したとも言えるだろう。

さて、私は、その当時どこにいたのかと言えば、仕事でアメリカのニューメキシコ州にあるサンタフェという街にいた。しかも、この街に来る前に、講義・講演などで一週間ほど、サンフランシスコで過ごしてから、ようやくここにたどり着いた。合計三週間という長めの出張の途中であった。

ホテルに着き、ネットのニュースでこの事件のことを知った。最初は、地震のニュースが入り、すぐに震源地などを調べた。ニュースは「三陸沖が震源地だ」という内容だったと思う。多少離れているとはいえ、苫米地さんの顔がすぐに頭に浮かんだ。そして、核燃施設で地層処分されている廃棄物のことがとても心配になったのと同時に、福島や大飯、そして北海道泊の原発のことも気になった。

私の家族がいる南関東も震度が五だったので、一応自宅に電話を入れてみた。そしたら、全くつながらない。ちょっと焦ったが、出張が多かった当時、慣れもあり、なんとなく大丈夫だと感じた。その後、津波による襲撃のニュース映像がネットで流れ、しばらくして福島第一原発の事故もニュースとして流れ始めた。アメリカのテレビ局は、この模様を何度も繰り返した。特に、津波が街や港を襲う映像を流し続けた。きっと、ものすごい視聴率だったのだと思う。そのためか、日本全体が津波にのまれてしまった印象を持ったアメリカ人がたくさんいた。ニューメキシコ州に住む友人たちは、涙を流しながらお悔やみを述べ、私に何度もハグしてきた。日本の地理感覚などないアメリカ人にとっては、どうしても日本全体が津波に逢った、という受け止め方になってしまったのだ。日本での集合的記憶は、「3・11」だが、アメリカでは「FUKUSHIMA DAIICHI」として記憶されていくことになる。

そんな中、私が滞在していたニューメキシコ州では興味深いことが起きていた。FUKUSHIMA DAIICHI以後、その州にあるスミソニアンの国立原子力科学・歴史ミュージアム（NMNSH：National Museum of Nuclear Science and History）のビジターが、通常よりも二〇パーセント増になったのだ（Italie 二〇一一年A九頁）。驚いた。日本人は他国で原発事故が起こったとしても、原子力エネルギーに関係する展示を持つ日本の科学ミュージアムに、果たして足を運ぶのだろうかという疑問を持ったからである。そのようなミュージアムには、科学館や原子力発電所付設のＰＲ館があると思うのだが、日本の人々は悲しいことにこれらの施設に絶対に足を運ぶことはないだろう。実際、関東にある電力会社のPRセンターは3・11以後、閉館になったり休館になった。また、閉館にならなくとも、原子炉の展示モデルに電源を入れなかった館も多々ある。また、原発を製造するメーカーの科学館は原子炉の展示モデルを引っ込めた。[注10]

ニューメキシコ州と日本とのつながりは、なかなか深い。まず、日本に投下された原子爆弾は、この州にあるロス・アラモス（Los Alamos）にある研究所で開発され、同州にあるホワイト・サンド（White Sand）という砂漠で実験された。ニューメキシコ州に住む友人によれば、子供のころ、実験場まで行って小石を拾ってくることが流行ったそうだ。当然、学校や家ではこれを固く禁じたとのことだ。とにかく、原子力に関係するミュージアムが、そこにはいくつかある。その一つが上に記したミュージアムである。

NMNSHの元物理学者のガイドによれば、ここに来た「人々は、間違いなく原子炉の安全性に対してもっと情報が欲しい」と感じた人々であった。正確な情報を求めて、多くの人たちが、ここにやってきたのだ。しかも、全く偶然であるのだが、そこでは、ちょうどチェルノブイリへのツアーの企画もあり、それに参加する人々も後を絶たないとのことである。ちなみに、このようなツアーのことを「アトミック・ツーリズム（Atomic Tourism）」と言う。

NMNSHは「ミュージアム」である。ミュージアムとは、すでに記したが市民革命以後、西洋近代が生み出した人々を啓蒙するための社会機関・制度である。そこにおいては、展示を通じて、人間が思索

注10　具体的には、東京電力のPR館「電力館」（東京都渋谷区）は閉館となり、同社の「電気の資料館」（神奈川県川崎市）は閉鎖中のままである。中部電力の「電気の科学館」（名古屋市）では、原子炉のモデルに電源を入れるのを控え、あからさまなPRをやめた。また、東海村にある原子力科学館や三菱重工の「三菱みなとみらい科学技術館」では、原子炉の一部を置くのをやめた（二〇一七年十月の時点で）。

をめぐらせ、自分自身で何かの価値判断を行うことになっている。つまり、人間が思考の中心となる場所である。ＮＭＮＳＨは、原子爆弾を作り出した州にあるために、核兵器使用の正当性を言祝ぐナショナリズムが圧倒する部分も当然ある。よって、日本からやってくるビジターたちは、その部分をみて失望することが多い。しかし、その評価には多少の留保をつけるべきだと、私は思う。

多くのミュージアムが、国家（国民国家）の影響を強く受けている。それは、ＮＭＮＳＨも同様である。核の記憶のように、扱いに注意を要するものであれば、なおさら国家による解釈が幅をきかせるものもある。しかし、それが「ミュージアム」である以上、人間を中心に据えなくてはならないという拘束も存在する。つまり、ミュージアムでは国家や科学の権威を一方的に言祝ぐわけにはいかないのだ。もし、そのようなことがあれば、ミュージアムは単なる国家や科学のＰＲ（広報・宣伝）のための前近代的機能に乗っ取られてしまうだろう。

私が、ＮＭＮＳＨに興味を覚えるのは、単なる原子力のＰＲ（広報・宣伝）に終始していない点である。このミュージアムは、「原子力科学と歴史（Nuclear Science and History）」を、その名称に冠しているために、歴史学や美術史などの人文分野も排除していない点が非常にユニークである。ＮＭＮＳＨには、核エネルギーが開発され核兵器として使用された過去に触れ、それがアメリカの国益となったことを展示している一方で、核兵器や核エネルギーの存在がアメリカの文化の一部として定着したことにまでスペースを割いて言及し、考察を加え展示をしている。これを、アトミック・カルチャー（Atomic Culture）と呼び、それが冷戦構造のたまものであることも展示している。そのカルチャーは、はやり歌や映画、コミック・ストリップ（日本でいう漫画）などの形態をとって、人々の生活に深く浸透してきた。例えば、日本でも良く知られる『スーパーマン』や『スパイダーマン』だって、アトミック・カルチャーの一部なのだ。つまり、展示では、このようなアトミック・カルチャーが、自分たちの生活の一部であることを見せつけているのだ。受け止め方によっては、相当皮肉めいた展示にもなる。

アトミック・カルチャーの展示は、その後、ダグ・ウォーターフィールドの作品『Doomtown（ドゥームタウン）』の企画展の開催により、さらに深化した。この企画展は全米各地を回ったのだが、このミュージアムでは、二〇一一年から始まった。「Doomtown」とは、一九五〇年代からネヴァダで行われた核実験の際に、爆発の人間への影響をみるために人工的に作られた街のことである。ここで、実物大の住宅、実物大の車を配置し、マネキン人形を配置して、核実験の影響がテストされた。このアーティストの描く作品は、当時の底抜けに明るい核兵器への賛美を、ネオンがきらめくラスベガスの風景と共にきのこ雲を対比させる。また、配置されたマネキンも異様さを際立たせている。彼の作品は、ウェブで彼の名前を検索すればすぐに見ることができるので、是非鑑賞頂きたい（Doug Waterfield で検索）。

このような展示を前にして、アメリカ人オーディエンスが、どのような判断を下すのかは分からない。ただ、自分たちの生活を支えてきた核エネルギーが、どのように生まれ、どのように使用され、どのように生活の中にまで浸透してきたのかを展示するＮＭＮＳＨは、それが国家的な枠組みの中で作られたとはいえ、アトミック・カルチャーに対しては皮肉めいた判断を下しかねないことを考えれば、人々に深く思考することを促している。つまり、ＮＭＮＳＨは、ビジターであるオーディエンスの存在を念頭に置き、オーディエンスを本当に啓蒙しようとしているのだ。この意味で、ＮＭＮＳＨは、近代ミュージアムである。あくまでも、考えて判断を下すのは、国家や企業レベルの集団ではなく、「人間」一人ひとりなのだ。

その一方、FUKUSHIMA DAIICHI以後、日本の科学館や原発付設のPR館に来るビジターが増えたというニュースは全く聞いたことがない。多くの館に問い合わせたが、ビジター数は激減だそうだ。科学技術を広報・宣伝するだけのPR館は、一方的に自分たちの都合だけをPRし発信しようとするため、人々の信頼を獲得することができない。そして、日本の科学ミュージアムもまた、科学の進歩や社会への貢献をトップダウンで説明し、教育・啓蒙しようとする。これらの場所は、世界の中心に人間の思考を据えることができていない。

旅の目的地から、その途中への旅へ

青森は非常に遠い。新幹線で行けば、JR東京駅からJR八戸駅まで三時間くらいかかる。六ヶ所村に至っては、八戸で降りてからレンタカーで、さらに一時間運転して、ようやく到着する。十和田市へはJR八戸駅から一時間といったところだ。[注11]

毎回、新幹線の中では、ぐったりしてしまう。最初のころは、普段乗ったこともない東北新幹線に乗るため、物珍しさでウキウキしていた。しかし、仙台を過ぎても目的地である八戸まで、まだかなりの距離があることが分かり、急に退屈した自分を発見した。早朝の新幹線に乗ったので居眠りしてしまったのだが、ひと眠りしてもまだ八戸には到着していなかった。それほど遠いのだ。

「なんで、こんなに遠いのだろう」と独り言を言った、その刹那に「そうか」と、当たり前のことを思い起こした。東京を中心とする都心から相当離れているから、青森には原発や核燃施設が建ってしまったのだ。「建ってしまった」という表現には、作為が感じられないため、不満に思う人もいるかもしれない。だから、多少の説明が必要だろう。

まず、青森が人口密集地域ではなく、かなりの過疎地であるために、核燃施設の候補地になった。それに加え、産業の誘致をする必要を感じた人々もいた。そのために、原発や核燃施設を呼び込んだと言ってもいいだろう。原発などを誘致すると、電源三法（電源開発促進税法、特別会計法、発電用施設周辺地域整備法）なるものによって、誘致した自治体に補助金が舞い込むしかけになっている。原発立地は、この補助金により道路もみごとに舗装されているし、学校、高齢者介護施設、公民館などの公立の施設もかなり立派だ。

六ヶ所村も核燃施設を誘致したために、一つの街ができたほどだ。PRセンターで、私に説明をしてくれた方は、その街に住んでいるとのことであった。「暮らしやすいですか」と聞いたら、「郵便局もスーパーもできて、とても便利になりました」とのことであった。普通であれば、街に郵便局やスーパーくらいあるのは当たり前なのだが、その方によれば、かつては車にしばらく乗らないと行くことなどできなかったそうだ。この意味で、核燃施設は、「町おこし」をしたことになる。

「町おこし」で地場産業を生み出すこともあるのかもしれないが、未だ原発立地で、そのようなことは聞いたこともない。原発で働く人たちに加え、PR館に多くの人たちが足を運ぶ程度である。これは、なかなか無視できない人数ではある。原発立地となれば、電源の消費地の自治体や青色申告会などから大挙

注11　その後、二〇一〇年、東北新幹線は区間を新青森まで延長し、十和田にいくためには「七戸十和田駅」を利用すればよくなった。

してバスツアーを組んでやってくる。六ヶ所村のPR館の前には、広大な駐車場があり、そこに観光バスが何台も駐車する。他の原発立地のPRセンターにも、例外なく大きなバスツアー用の駐車場があり、自治体や産業界からのお客さんが多いことをうかがわせる。原発や核燃施設そのものが、「町おこし」に貢献してきたことを考えればなかなか皮肉だ。

いずれにしても、六ヶ所村だけでなく、全国の原発立地は市街地との距離が相当ある。核燃施設や原発立地への旅は、必ず、この距離について考えざるを得ない。それは原発で発電された電気が都心へと送電されてくる距離であるのと同時に、安全性を考え過疎地に原発や核燃施設を建設するためだ。だから、これだけの距離が必要になる。一方、この距離があるからこそ、青森はすばらしい土地なのだ、と言うこともできるだろう。苫米地さんが、以前におっしゃっていた。「みーんな、青森には何もないっつーけど、こーんなにきれいな自然がたっくさんあるよ」と。たしかにそうだ。特に、夜に青森の道路を走っていると、真っ黒な闇がどこまでも広がっていて、運転するのが怖くなることがある。コンビニや電燈もないことに加え、森がとても深いため闇が真っ黒になるのだ。

消費社会における旅の目的地には、産業資本が投下される。道路が整備されたり、電燈がたくさんつけられたり、きれいな花の咲く植え込みもあったりする。また、ショッピングモールなどの商業施設もできたり、特産物も作られ、おしゃれに広報もされる。史跡も再開発され、ミュージアムができ、そこに至る道や駐車場も整備され、道の駅もできたりする。そして、インスタグラムやフェイスブックなどで広報される。そのため、その目的地には資本が集まるようになり、さらに資本が蓄積される。人類学者キルシェンブラット＝ギンブレットによれば、これが「(旅の) 目的地」なのだ (Kirshenblatt-Gimblett 一九九八年、一六頁)。

一旦「目的地」ができると、人々は自宅からそこまでの間を行き交うようになる。これを私たちは「旅」と呼んでいる。その「目的地」へと向かう人々は、「目的地」を訪れ、写真を撮ったりお土産を買ったり温泉に入ることを、旅の醍醐味として考えるようになる。その一方、「目的地」へと向かう行程は、非常に退屈な時間となってしまう。東北へと向かう新幹線で過ごす時間が、私にとって非常に手持無沙汰になったように。

青森の場合、美しくて深い森があるため、「目的地」となる可能性もあるが、消費社会の住人は、それを旅の目的地とは考えない。「何もないところだね」と言う。そういう人たちにとっては、産業資本が投下されて初めてそこは「目的地」となるためだ。「何もないところ」は、旅の目的地にはなりにくい。しかし、一旦そこが「目的地」となれば、そこで消費をするようになる。「旅＝消費」という構造が出来上がるためだ。だから、PRセンターでゆるキャラのついたペンやキーホルダーを買ったり、レストランで食事をすると人々は満足をする。

このような旅では、そこに行くまでの行程が苦痛であれば、人々は「目的地」にまでやってくることがない。自宅と「目的地」の中途が存在しないことにできるなら、それが一番合理的ということであろう。なぜなら、最も早く「目的地」に到着するのが、最も良い旅だと認識されているからだ。

一方、六ヶ所村の場合、そこに至るまでの行程の長さや苦痛は、非常に大切なものとなる。その距離の長さや時間が、核燃施設が六ヶ所村にあることの理由であり、その距離感を生み出したことに都心の人間が共犯関係を持っているためである。

旅は「目的地」だけに在るのではない。その行程である途中や過程の中にもあるはずだ。これまでの自分は、そんなことを考えもしなかった。「目的地」と自分の生活との関係性を考えることができる、行程にこそ旅があるはずなのだ。つまり、旅の「目的地」ではなく、その途中において自分が「今、ここ」に在ることの意味を考えること――それは、自分たちが電気を使う暮らしを見つめ直す契機となるに違いない。「目的地」だけで旅をするのではなく、その途中において旅をすること――それが、私の青森への旅で考えたことであった。そして、その旅を通じて、東北と「日本人」との間にある関係について考え、それを変化させていく方法を模索していかなくてはならない。

電気は旅をするが、「日本人」は旅をしない

先日の『日本経済新聞』のトップニュースで、東北から関東に送られる電気の量を増やすようにする、という記事があった（二〇一五年八月十五日）。より多くの電力を供給できるようにすることで、東京電力が電力料金を下げることを見込んでいる、とのことであった。電力の自由化が始まれば、関東の消費者の多くは、東電とは契約しなくなると思われる。原発事故での対応がまずかったのと、事故後も大した改善を施そうともしていないように見えるためなのか、東電の人気は本当にない。二〇一六年四月からの電力自由化に備え、東京電力は、低価格で新規参入組と競合したいのである。

しかも、このニュースが意味することは、東北からさらに多くの電力を都心に向かって供給できるようにするということであり、東北と関東、主に東京との従属関係は、震災以後も全く変わっていないこと

を意味する、というより、その構造を温存したままなのだ。電気料金を下げるために東北で電気をさらに作るという構造自体が、変化していかなくてはならない。夜の闇のかたまり、つまり森がたくさんあるところで発電されたものが、明るいところをさらに明るくし、しかもその料金まで下げようとしているのだ。そして、事故が起こった時は、発電する土地に住む人々は、被ばくや故郷喪失のリスクを引き受けさせられる。

妙な表現かもしれないが、電気は旅をする。生み出された場所から、送電線を通って別の街の夜を照らすために。私たちは、この電気の旅について、真剣に考えなくてはいけない。

まず、なぜ電気に旅をさせるのか、ということである。これは、東京をはじめとする首都圏での電力消費が多いことが唯一の理由なのだが、そもそもなぜ首都圏は自力で電力を作らないのか。送電線で電気を送ると、（送電距離や温度にもよるが）平均五パーセントから八パーセントの電力が失われるとのことである（大きめに見積もった数値だと一〇パーセントというものもある）。また、大量の電気は、その使用用途に合わせて変電しなくてはならないのだが、その過程でも電気は失われる。こうなると、かなりの電気が送電・変電の過程で失われてしまうのだ。そのロスを考えれば、消費地に近いところで発電するのが一番だ。電気の地産地消である。しかも、首都圏が他の地域を犠牲にするという構造もなくなる。しかし、原発事故以後も、東北からさらに多くの電気に旅をさせるというのだから、東京と東北の関係を変化させようとする意志が電力会社にも政府にもないことが分かる。

では、私たちは電気の旅をどのように考え、引き受けることができるのだろうか。列島を横断する長い電線や変電所などの大規模のインフラを必要とする発電・送電に頼るのではなく、小規模の発電・送電システムを利用し、電気の地産地消を推し進めていくことが大切だ。そうすれば、電気に長い旅をさせる必要がなくなるのだ。

首都圏と六ヶ所村の間の距離は、そのまま電気がたどる旅でもある。電気に長い旅をさせないためには、日本の電力会社による電気市場の独占を本当に終わりにしていかなくてはならない。電力会社は、とてつもなく大きなインフラを国と一体となってつくり出し、戦後の経済成長を支えてきた。電力の自由化が図られた今でも、電力会社は大きな力を持っている上に、原子力発電は日本の産業を支えるベースロード発電として位置付けられている。

しかし、原発事故を経た今は、そろそろ国家主導の経済成長戦略はすでに終わりを告げるべきだと強く感じる。九〇年代前半、バブルがはじけたころ、つまり、チェルノブイリの事故以後、すぐにでも構造転換をしなくてはならなかったが、この国の住人は原発にしがみついてしまった――これがこの国の産業構造なのだ。誠に残念なことだが、電気に旅させることなく、そして、他の地域の人たちの犠牲の上に成り立つような産業構造からできるだけ早く抜け出したい。

首都圏を始めとする「都会」の人々は、東北への旅を楽しむことができるのだろうか。旅の「目的地」での消費を貪欲に目指すだけの思考様式のままでは、東北は「何もない」土地となり、核の廃棄物を押しつけるだけの場所にしてしまう。多分、押しつけたことさえも忘れてしまうのだろう。東北への旅と電気の旅の長さは、表裏一体の関係にある。

終　章

——国境の北と「日本人」の旅

国境の北への旅では、月の明かりがいつもやさしかった。今まで生きてきて、こんなに明るいお月さまは見たことがないと感じたほど、柔らかな光を旅に疲れた私の身体に浴びせてくれていた。

サハリンの山奥でみた月は、日本ではまだ真夏なのに、すでに秋もずいぶんと深まった時に見るような月で、本当に明るく山や川を照らしていた。月に照らされた川では「チャプン」と、魚が跳ねる音が何度も聞こえた。しかも、驚くことに全くアウトドア志向でない私が、河原で寝袋にくるまりつつ、そんな音を聞くのだからびっくりだ。

旭川でみる月は、いつも小さかった。他に比較するような建物がない時、月は小さく見えるものだ。そしてサハリンで見た月と同じように、山や川をやさしく包む。星の数も、今まで見たこともない程のものであった。空を見上げて、ぼーっとする習慣が自分にはなかったことに気が付いた。夜、都心でみる風景といえば、酔っ払いばかりなのだ。

当時東北新幹線の終着駅であった八戸から十和田へと向かう道は、なぜかいつも夜だった。森を抜けて国道のような道を行くのだが、時折とても狭い道も通る。一旦狭い道に入ると本当に暗い。ある時、道に迷ったことがあった。カーナビもついていない車だったので、地図を見ようと車を止めた。なんと動物墓苑の入口の前であった。あまりに真っ暗で、怖くて子供が泣いた。

その時、自分たちが夜の暗さに慣れていないことにふと気がついた。青森では、森があればさらにその黒は深くなり、自分たちが、どの方向に向かっているのかも分からなくなるほどだった。そんな暗闇でも月が出てきて目が慣れれば、随分と明るく感じるものだ。今のようにたくさんの電灯がなかった時代は、夜が暗くとも月が照らせば人々は心が浮き立ったに違いない。だから、「月がとっても青いから……」と陽気に唄ったのだろう。

いずれにしても、明治維新以後、近代という時代に突入した日本という国家は、それまでの農業中心の暦、つまり陰暦を捨て去り、一年の時間を均等に割り振る、効率を最優先にした社会へと構造転換した。それまでは、月の満ち欠けによって、おおよその時間や季節感を身体に感じていれば仕事（農作業）はできたのだが、近代時間に切り替わってからは、規則正しく時間を刻む時計が必要不可欠となったのだ。

兵隊も時計を持たされるようになった。これは、軍隊の一大転換であろう。当然ながら、武士も足軽も時計なんて持っていなかった。そして、明治以後は、軍隊は規則正しく、規律訓練されるようになる。しかし、時計のない生活に慣れ過ぎていた兵隊たちは集合時間に送れることも多く、なかなか軍の規律もとれなかったとのことである。そんな兵隊たちが、シベリア出兵に駆り出されたり、日露戦争に向かったのだ。

国境の北においては、日露戦争以後の植民地支配の影が散見された。進軍し、その土地が植民地となる前線で、人は他者に出会う。サハリンは「樺太」となり、日本領となった。私がサハリンで出会った梁さんを始めとする人々は、しばらく「日本人」その後「ロシア人」として人生を過ごした。彼らが送った「戦後」という時間は、日本で生まれ育った私を失語症にさせるほど、自分の想像の外にあるようなものであった。しかし、「日本人」として生きてきた私が「自分には無関係だ」と主張できるようなものではなく、日本の植民地支配と自分の立っている歴史的地平が密接に結びつけられ、自覚的に向い合わざるを得なくなった。梁さんたちの人生を、現在の記憶の中に適切に埋め込む方法が求められていると心底感じたからだ。

私は、サハリンへの旅をつづることで、かつての「樺太への旅」から、「日本人」が変化することができるような、現在の記憶の道程を記してみようと思った。それは、決して、日本の植民地支配を言祝ぐようなものではなく、また抽象的な道徳に回収されるようなものでもない。これは、梁さんたちの存在が、「日本人」によって丸ごと受け止められ記憶されることで可能になるような、「日本人」観の変容を伴う旅であるはずだ。彼らのことを考えるにつけ、自分たちの持つ国家観や、それを生み出した明治維新によって始まる近代の記憶はよそよそしい気がしてならなくなった。もっと近くに寄って行って、親密になってしかるべきなのだが、それがずっとできなかった構造が、自分たち「日本人」を生み出す構造の中にある。

旭川への旅も同様だ。日露戦争を機に「軍都」とまで呼ばれるようになった旭川では、アイヌと出逢うことは必然的と言ってもいいだろう。そもそも、「北海道」が「アイヌモシリ」であったことなど、多くの人が忘れていることを考えても、その地で川村さんたちと出逢うことには大きな意義がある。長きに渡り健忘症であった「日本人」の脳の表皮に「コンコン、コンコン」とノックをする先住民族の存在を、単なる観光の「目的地」にいる存在として認識するのか、それとも「日本人」が変容していくための存在として認識するのか——こんな選択肢が突きつけられている。

旭川でアイヌに出会うことは、これまでよそよそしかった「日本人」の自画像や近代の記憶を変化させざるを得ないだろう。どうして、友人として向かいあうことができなかったのか、その理由や構造を考える必要があるだろう。アイヌに出会うことで分かるのは、変わらなくてはならないのは「日本人」の側であって、アイヌの側ではないということである。この認識は広く深く定着しなくてはならない。

青森への旅は、「日本人」が自らの生活スタイルを変化させるきっかけにあふれていた。明治維新以後、そして敗戦を経た戦後、成長神話を信じてきた「私たち」は日の長短に左右されることなく、労働をすることになった。そのため、電気の存在は不可欠となった。

それでも、私が子供のころ（一九七〇年代）は、市街地でなければ、まだ夜の道は暗かった。その暗さの中から、妖怪がそこにいるリアリティを感じたものだ。しかし、バブル経済が到来してからというもの、あちこちにコンビニが乱立し、二十四時間営業も珍しくなくなった。終電近くになっても、まだ続々と人々が電車に乗り込んでくる。

こうして都会が出来上がる。この頃から、夜は暗くて怖いものではなくなり、常に働いたり楽しむものへと変化してきた。それに伴い、月明かりのやわらかさも感じなくなった。電力会社や原発付設の科学館やPR館には、夜の地球の写真が誇らしげに展示してある。宇宙からみた夜の日本は、本当に明るい。北米や西ヨーロッパの大都市と比べても、明るい地域の面積の大きさといったら、比較にならない程だ。どこに行ってもコンビニを求め、明るい夜を当然とするのが、今の「日本人」なのかと思うほど、この国の居住者は本当に電気が好きだ。ディズニーランドでも、電飾を施した夜のパレードに夢を感じる人は多い。この人々は、暗い辺境・暗黒の夜には魅力を感じることは滅多にない。

近代の夜明けが明治維新であったなら、夜中まで時間通りに電車を数分単位で動かすことができるようになった現代は、近代もすでに頂点に達した時代とも言える。人々は明るい夜を手に入れ、無限にも思われるような経済的自由も手に入れた。その自由を謳歌する中で、他者や過去が「日本人」を呼ぶ声に応答しない自由も想像／創造されるようになった。ここでの自由は、「日本人」という集合的な自我や記憶の肥大のためだけに使われ、過去や他者の存在を見えなくさせる。

「見たい、買いたい、食べたい」を満足させる「目的地」

現在における、過去をたどるコロニアル・ツーリズムは、なかなか無邪気だ。サハリンでも聞いたことだが、過去のコロニアルな遺構や残滓などが、日本からの観光客を当て込んだものになっていく。戦後は、遺骨収集が主な目的であった場所もあるが、だんだんと性質が変化しているのがわかる。例えば、中国の大連や二〇三高地なども、同様に日本からのツーリストを当て込んでいる。旅にでる人間の都合と、「目的地」の都合が不気味にマッチしている。

そもそも、旅は視覚に訴えるものが多い。そのため、見ることを通じて、そこでの思い出や経験が出来上がる。サハリンへの旅であれば、樺太時代の建造物の数々を観光することで、この地が「樺太」であったことをなぞるコロニアルな視点におもねる契機が多くなる。日本統治時代の景観ばかりを探す旅になるのだ。北海道への旅であれば、屯田兵の入植に伴って作られた、碁盤の目のようにきっちりと区切られた道路網や、そこに作られた建造物が作り出す景観が観光資源だ。一方、屯田兵が入植したこととアイヌが土地を奪われ追われたことは、ツーリストの頭の中でリンクしてこない。青森への旅であれば、そこが「蝦夷地」であったことや、米作を通じて近代日本の経済成長を支えたことや稲作イデオロギーを形作ったことなどは、ほとんど忘却の彼方へと追いやられている。そして、この地に核燃料の再処理施設があることも、ほとんど知られていない。

人々の頭の中で視覚と過去がリンクせず、その接点が忘却される時、「見たい、食べたい、買いたい」

という「目的地」での欲望に頭の中が占められることになる。時には何かのひょうしに、そのような面がひょっこり顔を出しそうになることもあるが、注意を引くだけの呼び水程度の扱いを受けるだけで、人々はその前を通り過ぎるだけである。そして、人々はスマホのレストランやショップの案内を参照することで、これらの土地は消費のための「目的地」となる。ここでの「目的地」には、前章でも記したように、ミュージアムやモニュメントなども含まれ、それらは資本を肥やす存在として位置づけられ、続々と人々が集まる場所となり、さらなる資本が生み出されることが期待されている。

いったん、「目的地」が出来上がると、そこまでの途中の行程や、消費以外の歴史的・政治的な側面には意味がなくなる。過去の断片や他者と遭遇するチャンスに満ちた契機さえ、一旦「目的地」が出来上がれば、見失われてしまいがちである。サハリンに行けばペリメニの有名店へ、旭川に行けばラーメンの食べ歩きを目指して、スマホの画面と首っ引きになってしまうのだ。

このような「目的地」を目指す旅では、ツーリスト自身が変化する契機を見失うことにもなる。日本のコロニアルな過去の断片に出会っていながら、その出会いを先伸ばしにするか忘却するような旅が、ツーリスト「日本人」としての旅なのだ。実際、旅に向かう行程そのものがコロニアルなものの遺構であるにも関わらず、思いもよらない他者たちや過去の断片との遭遇をないものとする。結果的に、「日本人」としての旅とは、政治的・歴史的な事柄とは関係のないそぶりを決め込むことを可能にする移動のことを指す。このような旅においては、自分自身の考え方や歴史的な立ち位置を問い、変化させていくことは難しい。

序章にも記したが、旅において変化することを、私は「成長」ということばを使って表現した。本書における「成長」とは、過去や現在の断片を、自分が置かれた政治的・歴史的地平の中で、これまでとは異なる方法で寄せ集め、そして組み換え、新しい自分を作り出すような「過程」のことである。新しい自分を生み出すことができるような術を生み出すきっかけが旅には本来備わっているはずだ。

旅の途中へ

どの過去を思い出し、忘れ去るのかという選択は、強い政治的な作用を受け、「見たい、食べたい、買いたい」だけの行為の中に、埋没していくことになる。これは、「目的地」の持つ作用が強大であるためである。この意味で、このツーリズムとは、ある特定の作用を受ける主体を生み出そうとする行為の集積でしかない。その主体とは、過去の断片との関係を延期したり、断ち切ったりすることで、「日本人」にとどまるような思考様式を具現したものである。どこで何をしても、「目的地」が投影する主体、アイデンティティに留まろうとする。したがって、この旅における過去の断片や他者との遭遇は、極めて限られたもの、もしくはほとんど存在しないものとなる。「目的地」における「日本人」とは、「見たい、食べたい、買いたい」という行為を媒介させ、過去や他者との関係を否認したり、先送りしたり、忘却する属性を持った人たちのことである。

一方、本書が射程に入れた旅とは、「目的地」で出会っていても気がつかなかったような、過去の断片や他者との出会いに、その可能性を開こうとする。自分を変化させ成長させるにあたり、過去の断片や他者との遭遇が引き起こす衝撃や慟哭を、そのまま受け止め、それ以後の自分のあり方や、国家や社会との関係を、大きく変化させていくような記憶や主体、アイデンティティの作り方、その術を育もうとする。国境の北への旅は、まさに、このような旅の術を求めているのだ。

私は、この術を、旅における文化政治的なシティズンシップの折衝・交渉の術と呼んでおきたい。様々なことを見聞きしたり経験する旅においては、そこでの経験をどのように自分自身が処理するのかによって、他者や過去の断片との出会いが変わってくる。そもそも、「日本人」であることをことさら意識させるコロニアル・ツーリズムにおいては、自分が誰であるのかに関して、何らかの判断を下さざるを得ない。この時、人々は、コロニアルな過去の断片や他者を忘れる「目的地」の「日本人」になるのか、それらを受け入れ、自分自身を変容・成長させるのか、という自画像をめぐる文化政治的なやり取り（＝折衝・交渉）をするはずだ。当然、そのやり取りをしない人もいる。この意味で、コロニアル・ツーリズムは、国家や過去、そして他者との関係の中で自分がどのような人間になっていくのかという、自画像のあり方をめぐる折衝・交渉、つまりどのような歴史や記憶を持つ国家の住人になるのかといった、文化政治的な自身の成り立ち方、つまりシティズンシップの作り方やあり方に深く関わっていくことになる。

国境の北への旅は、「目的地」での消費の旅でしかないのか、それとも、自身の成長への契機となる旅なのか――この二者択一はいつでも私たちの手中にある。サハリン、旭川、青森へと赴けば、この二者択一に直面せざるを得ない。そこでは「日本人」に話しかけたい人もいるし、図らずも「日本人」の姿を見せつけてくる表象やミュージアムもあるし、「日本人」の食生活やエネルギー問題に対する認識を揺るがせる事柄に遭遇することもある。

国境の北への旅は、決して「目的地」を目指すものではなく、国境の北と「日本人」の間の関係性が変化し得る（日本人にとっての）「旅の途中」となり得るのだ。ここでの「旅の途中」とは、「日本人」がどのような主体形成をしてゆくのかという、まさしく「日本人」という文化政治的な構築物が変化してゆこうとする過程のことであり、それが出来上がる過程は、まだ終わっていないということである。つまり、「日本人」になるという、まさに「途中」であるが故に、国境の北への旅は、自分たちがまだまだ変容・成長することができることを、「日本人」に気づかせてくれる。この「旅の途中」を経ることで、日本で生まれ教育を受けた人々自らが、自画像を変化・成長させざるを得なくなったり、「日本人」であることを遥かに超えてゆくことができるだろう。旅が固有に促す成長は、旅の「いま、ここ」の偶発的な他者と自分との出会いの中にしかない。決して、「目的地」が要求する予定調和的な消費だけの中にはないはずだ。

コロニアル・ツーリズムは、一人ひとりが「日本人」の成長に賭けることでしか、変化させることができない。そんなポストコロニアルな旅へと出てみませんか。

文献一覧

○和文

赤坂憲雄『東西／南北考』岩波新書、二〇〇〇年
赤坂憲雄「日本像の転換をもとめて―方法としての「いくつもの日本」へ―」『いくつもの日本Ⅰ　日本を問いなおす』赤坂憲雄、中村生雄、原田信男、三浦佑介編、三～二九頁、岩波書店、二〇〇二年
赤坂憲雄&萱野茂（二〇〇四）「アイヌ文化と東北の文化」『アイヌの歴史と文化Ⅱ』稲盛進編、二一六～二二三頁、ソノベ、二〇〇四年
秋月俊幸『日露関係とサハリン島　幕末明治初年の領土問題』筑摩書房、一九九四年
『旭川市史 第一巻』旭川市史編纂委員会、一九八一年
網野善彦『「日本」とは何か』講談社、二〇〇〇年
新井佐和子『サハリンの韓国人はなぜ帰れなかったのか』草思社、一九九八年
荒山正彦（二〇〇一）「戦跡とノスタルジアのあいだに―「旅順」観光をめぐって―」『人文論究』Vol.五〇―四、一～一六頁、関西学院大学、二〇〇一年
有山輝雄『海外観光旅行の誕生』吉川弘文館、二〇〇二年
五木寛之『旅のパンセ』角川春樹事務所、一九九七年
伊藤廣『遥かなる屯田兵　もう一つの北海道民衆史』高文研出版、一九九二年
岩本勲「日本帝国主義の戦争と侵略の論理（完）」『大阪産業大学論集、人文・社会科学編』六、一～二一頁、大阪産業大学、二〇〇九年
梅原猛『日本の深層　縄文・蝦夷文化を探る』集英社、一九九四年
榎森進「北奥のアイヌの人々」『アイヌの歴史と文化Ⅰ』稲盛進編、一五四～一六三頁、ソノベ、二〇〇三年
榎森進『アイヌ民族の歴史』草風館、二〇〇七年
大塚和義「樺太アイヌ民族誌―伝統と現代」『樺太アイヌ民族誌』財団法人アイヌ文化振興・研究推進機構、九〇～九九頁、二〇〇四年
大沼保昭『サハリン棄民　戦後責任の点景』中央公論社、一九九二年
小笠原信之『アイヌ差別問題読本　シサムになるために』緑風出版、二〇〇四年
小川正人「近代北海道の徴兵・軍隊」『地域の中の軍隊1　北海道・東北　北の軍隊と軍都』山本和重編、一六

五～一九六頁、吉川弘文館、二〇一五年
小野規矩夫「開拓と開教」『札幌の寺社』札幌市教育委員会編、一〇～二〇頁、一九八六年
「核燃サイクルに一二兆円　コスト年千六百億円、ほかに廃炉費も必要」『東京新聞』二〇一五年十一月十七日（http://genpatsu.tokyo-np.co.jp/page/detail/290）
鎌田慧&斉藤光政『ルポ 下北半島　原発と基地と人々』岩波書店、二〇一一年
川西英通『東北―つくられた異境』中公新書、二〇〇一年
樺太アイヌ史研究会編『対雁の碑　樺太アイヌ強制移住の歴史』北海道出版企画センター、一九九二年
「消えた島　樺太」『東京新聞』（夕刊）六月十日夕刊、三頁、二〇一五年
北山耕平『ネイティブ・タイム―先住民の目で見た母なる島々の歴史』地湧社、二〇〇一年
北山耕平『ネイティブ・アメリカンとネイティブ・ジャパニーズ』太田出版、二〇〇七年
ギデンズ、アンソニー『近代とはいかなる時代か？―モダニティの帰結―』松尾精文、小幡正敏訳、而立書房、一九九三年
工藤雅樹「蝦夷とアイヌ」『いくつもの日本I日本を問いなおす』赤坂憲雄、中村生雄、原田信男、三浦佑介編、一二五～一五四頁、岩波書店、二〇〇二年
熊田亮介『古代国家と東北』吉川弘文館、二〇〇三年
「警戒区域の牛、12年末までに1300頭殺処分」『日本経済新聞』二〇一三年一月二四日（https://www.nikkei.com/article/DGXNASDG2400I_U3A120C1CR0000/）
栗原裕司「「コミュニティ・ミュージアムをめぐる日本の現状」」『ミュージアムが社会を変える　文化による新しいコミュニティ創り』一〇〇～一〇六頁、現代企画室、二〇一五年
高媛「戦地から観光地へ―日露戦争前後の『満州』旅行―」『旅遊中国21』29、二〇三～二一八頁、東方書店、二〇〇八年
小林信一、小林伝司、藤垣裕子『社会技術概論』放送大学教育振興会、二〇〇七年
クリフォード、ジェームス『ルーツ―20世紀後期の旅と翻訳』毛利嘉孝ほか訳、月曜社、二〇〇二年
「クロマグロ　絶滅危惧種に指定」『日本経済新聞』二〇一四年十一月七日、一頁
「再処理工場　動かなくても年一一〇〇億円　維持費「もんじゅ」の五倍強」『東京新聞』二〇一二年五月十四日（http://genpatsu.tokyo-np.co.jp/page/detail

／349）
斎藤光政「ルポ・軍事列島　三沢―攻撃とミサイル防衛の最前線―」『世界』一月号、二一〇～二二一頁、岩波書店、二〇一八年
佐藤文明『戸籍って何だ』緑風出版、二〇〇二年
佐々木馨『アイヌと「日本」　民族と宗教の北方史』山川出版、二〇〇一年
佐々木利和、吉原敏弘、児玉恭子編『街道の日本史Ⅰ　アイヌの道』吉川弘文館、二〇〇五年
「終結　北大が76体返還で和解　札幌地裁」『毎日新聞』二〇一七年三月二十三日（北海道新聞朝刊）（https://mainichi.jp/articles/20170323/ddr/041/040/005000c）
沢木耕太郎ａ『深夜特急⑵マレー半島・シンガポール』新潮文庫、一九九四年
沢木耕太郎ｂ『深夜特急⑷シルクロード』新潮文庫、一九九四年
司馬遼太郎『台湾旅行』朝日新聞出版、二〇〇九年
白幡洋三郎『旅行ノススメ―昭和が生んだ庶民の「新文化」―』中央公論社、一九九六年
高木健一『サハリンと日本の戦後責任』凱風社、一九九〇年
高取正男『神道の成立』平凡社、一九七九年
高橋崇『蝦夷（えみし）』（中公新書）、一九八六年
たかのてるこ「どんどん日本を好きになる」『Be-Pal』十一月号、八〇頁、二〇一四年
立松和平『旅に棲んで　ヤポネシア純情紀行』毎日新聞社、一九八七年
谷本晃久「近文アイヌと軍隊」『地域の中の軍隊１　北海道・東北　北の軍隊と軍都』山本和重編、一九七～二〇二頁、吉川弘文館、二〇一五年
田端宏、桑原真人、船津功、関口明『県史１　北海道の歴史』山川出版社、二〇〇〇年
田村将人「樺太アイヌの〈引揚げ〉」『帝国以後の人の移動―ポストコロニアリズムとグローバリズムの交錯点』岡田林太郎&堀郁夫編、四六三～五〇一頁、勉誠出版、二〇一三年
野本正博「イオルプロジェクトからみる先住民族としてのアイヌ」『「先住民」とはだれか』窪田幸子&野林厚志編、三一八～三三五頁、世界思想社、二〇〇九年
長谷巌「近代日本と北海道」『街道の日本史２　蝦夷地から北海道へ』田端宏編、二四〇～二五七頁、吉川弘文館、二〇〇四年
原田信男『歴史の中の米と肉』平凡社、二〇〇五年
「福島　それぞれの春へ５　命が教えてくれる」『東京新聞』二〇一六年三月七日、二頁

林望『思想する住宅』東洋経済新報社、二〇一一年
ブッセ、ニコライ『サハリン島占領日記1853―54　ロシア人の見た日本人とアイヌ』秋月俊幸訳、平凡社、二〇〇三年
フジタニ、T『天皇のページェント　近代日本の歴史民族誌から』NHKブックス、一九九四年
ベック、ウルリッヒ『リスク化する日本社会―ウルリッヒ・ベックとの対話』鈴木宗徳、伊藤美登里編、岩波書店、二〇一一年
「北大のアイヌ遺骨一九八体、返還求め提訴へ　アイヌ有志、過去最多の遺骨数」『産経新聞』二〇一七年七月九日、(https://www.sankei.com/affairs/news/170709/afr1707090001-n1.html)
朴亨柱『サハリンからのレポート』民涛社、一九九〇年
北海道新聞社編『慟哭の海　樺太引き揚げ三船遭難の記録』北海道新聞社、一九八八年
三木理史「戦間期樺太における朝鮮人社会の形成―「在日」朝鮮人史研究の空間性をめぐって―」『社会経済史学』第六八巻第五号、五二三～五四四頁、社会経済史学会、二〇〇三年
三木理史『国境の植民地・樺太』塙書房、二〇〇六年
三木理史『移住型植民地樺太の形成』塙書房、二〇一二年
水越美枝子『40代からの住まいのリセット術　人生が変わる家、3つの法則』NHK出版、二〇一〇年
村井紀『新版　南島イデオロギーの発生　柳田国男と植民地主義』岩波書店、二〇〇四年
村上重良『国家神道』岩波書店、一九七〇年
森正人『昭和旅行記　雑誌「旅」を読む』中央公論新社、二〇一〇年
山内明美「飢餓をめぐる東京／東北」『辺境からはじまる東京／東北』赤坂憲雄&小熊英二編、二五五～三〇一頁、明石書店、二〇一二年
山口誠『グアムと日本人』岩波新書、二〇〇七年
山本和重「北海道の徴兵制」『地域の中の軍隊1　北海道・東北　北の軍隊と軍都』山本和重編、一二六～一六〇頁、吉川弘文館、二〇一五年
山本茂行「曖昧な日本の動物園」『動物園というメディア』一八七～二二一頁、青弓社、二〇〇〇年
養老孟司&隈研吾『日本人はどう住まうべきか?』日経BP社、二〇一二年
米家泰作「近代日本における植民地旅行記の基礎的研究：鮮満旅行記にみるツーリズム空間」『京都大學文學部研究紀要』第五三巻、三一九～三六四頁、京都大学文学部、二〇一四年

○英文

Bennett,Tony. The Birth of the Museum: History, Theory, Politics. Routledge, 1995

Hetherington, Kevin. "The Unsightly: Touching the Parthenon Frieze", Theory, Culture, and Society 19, 187~205, 2002

Kirshenblatt-Gimblett, Barbara. Destination Culture: Tourism, Museums, and Heritage. University of California Press, 1998

Italie,Leanne. "Japan Disaster Boosts Interest in Atomic Tourism", The New Mexican, March 26, A9, 2011

UNESCO Atlas of the World's Language in Danger http://www.unesco.org/languages-atlas/ , 2007

あとがき

ここに納められた旅の記録は、二〇〇六年から二〇一〇年の間のものが多く、すでに十年以上も経過してしまったものばかりです。記載されている情報が古いものもありますが、できるだけ現在のものにアップデートしておいたつもりです。しかし、それでも、漏れがあれば、その責は私にあります。

実は、これらの文章は、世に出すつもりで当初は書かれたのではありませんでした。自分の備忘録のつもりで書いたものだったのです。せいぜい授業や講演などで、折に触れて話をする程度のもののつもりだったし、実際にそうでした。内容も極めて断片的であったし、ここまで「旅の方法」に引き付けて話をする視点も持ち合わせていませんでした。

それが、ある時、市民講座の形で、まとまった形で、このテーマについて話をする機会をいただきました。しかも、二回、ほぼ同時期にです。どちらも「植民都市を歩く」というテーマで、旅行記のように写真などをお見せしながら、旅先に暮らす人々の間で共有されている記憶の意味と旅行者の視点との交錯や、その視点の変化の可能性に注目しつつ、どのように旅を楽しむことができるのかについて話してきました。これをきっかけにして、エピソードとしてまとまったものを作るようになりました。

それでも、まだ世に出すことまでは考えておらず、書き溜めたものをどうしようかと思案していた時に、戸田三三冬先生のご自宅にあるマラテスタ研究所で毎年行われていた「ゼミ」で、原稿を披露する機会がありました。まだ拙かった原稿を参加していたみなさんが好意的に読んでくださり、その後、世に出すために手を入れ始めました。

仕事として書く学術論文とはスタイルが大きく異なるため、困難もありました。それでも、先輩諸氏の叱咤激励の数々をいただき、ここに刊行することができたのは、大きな喜びです。今は亡き戸田三三冬先生、ニコニコと鋭いコメントをくださる三宅立先生、気が付けば「学生」に戻ってしまった山脇千賀子先生、ポツリと勘所をご指摘くださった田島久歳先生、この原稿に多くの好意的なコメントをくださった奥田孝晴先生、実はサハリン旅行に一度つきあってくださった椎野信夫先生たちのサポートがなければ本書は存在しなかったでしょう。また、渡辺信二先生には、刊行前の原稿に目を通していただき、貴重なコメントをいただきました。

もちろん、本書に登場した方たちなくして、本書はありません。在サハリン韓人の方たちや、その周囲の人たち、川村カ子ト・アイヌ記念館の川村謙一さんに川村久恵さん、タカヤさんこと塚田高哉さん、鹿田川見さん、そして苫米地ヤスコさんたちです。いろいろな話を聞かせてくださったり、貴重な経験をさせて頂き、私は本当に幸せ者です。心から御礼を申し上げます。本当にありがとうございました。

緑風出版の高須次郎氏には、本書を形にするにあたり適切な助言を頂きました。この場をかりてお礼申し上げます。

藤巻光浩

〈著者略歴〉

藤巻 光浩（ふじまき みつひろ）

1964年生まれ。2004年 Ph.D.（レトリック専攻コミュニケーション学、The University of Iowa）。静岡県立大学国際関係学部准教授などを経て、現在、フェリス女学院大学文学部教授。専門は、レトリック、メディア研究、批評理論。

著書 『アメリカに渡ったホロコースト　ワシントンDCのホロコースト博物館から考える』（創成社、2015年）、「イデオロギーと言説―「ポスト証言時代」における戦時性暴力の記憶のゆくえ―」『言語とメディア・政治』（朝倉書店、2009年）など。

国境《こっきょう》の北《きた》と日本人《にほんじん》
——ポストコロニアルな旅へ

2019年1月30日　初版第1刷発行　　定価2000円＋税

著　者　藤巻光浩 ©
発行者　高須次郎
発行所　緑風出版
〒113-0033　東京都文京区本郷2-17-5　ツイン壱岐坂
〔電話〕03-3812-9420　〔FAX〕03-3812-7262　〔郵便振替〕00100-9-30776
[E-mail] info@ryokufu.com
[URL] http://www.ryokufu.com/

装　幀　斎藤あかね
制　作　R 企 画　　印　刷　中央精版印刷・巣鴨美術印刷
製　本　中央精版印刷　　用　紙　大宝紙業・中央精版印刷　　E1200

ISBN978-4-8461-1901-0　C0095